Exercícios
de Economia Industrial

Pedro Pita Barros
Nova School of Business and Economics
Universidade Nova de Lisboa

LISBOA • 2014

EXERCÍCIOS DE ECONOMIA INDUSTRIAL

Copyright © Pedro Pita Barros

Todos os direitos reservados. ISBN 978-1-291-82699-9

Nenhuma parte desta publicação poderá ser reproduzida, guardada pelo sistema "retrieval" ou transmitida por qualquer outro modo ou por qualquer outro meio, seja electrónico, mecânico, de fotocópia, de gravação ou outros, sem prévia autorização, por escrito, do Autor.

Sumário

1 Nota introdutória — 1
2 Estrutura de mercado — 7
3 Modelos de oligopólio — 17
4 Poder de mercado — 49
5 Barreiras à entrada — 67
6 Fusões e aquisições — 103
7 Discriminação de preços — 125
8 Diferenciação do produto — 139
9 Investigação e desenvolvimento — 163
10 Exercícios suplementares — 169

Capítulo 1

Nota introdutória

Este manual de exercícios nasceu do ensino da disciplina de Economia Industrial na Universidade Nova de Lisboa. Sendo usado como livro de texto o livro *Economia Industrial* de Luís Cabral, a formação dada aos alunos inclui a resolução dos exercícios de final de capítulo, que tipicamente ocupam cerca de um terço do curso.

Os exercícios disponibilizados possuem pelo menos um dos dois seguintes objectivos: por um lado, permitir a aplicação dos conceitos teóricos apresentados num curso de Economia Industrial e, por outro lado, desenvolver assuntos habitualmente focados de forma menos aprofundada no corpo principal dos cursos de Economia Industrial. Os exercícios apresentados e a sua resolução incluem não só os aspectos técnicos, mas também questões para discussão, fazendo-se apelo à teoria relevante.

A importância da resolução de exercícios para a compreensão dos temas de economia industrial não deve ser menosprezada. Apenas no momento em que se consegue usar os conceitos e técnicas de forma desenvolta se pode ter a certeza do seu entendimento. Pareceu assim desejável tornar acessível uma resolução de exercícios, de forma a que o leitor, interessado nestas matérias, possa avaliar a sua capacidade de manipulação de conceitos e técnicas adquiridas por confronto com as resoluções apresentadas.

Potenciais leitores que folheiem casualmente este manual poderão sentir-se desencorajados pela componente matemática na resolução dos diversos exercícios propostos. A questão que lhes surgirá naturalmente é o porquê deste grau de sofisticação matemática, que não se encontra normalmente fora do ambiente académico.

A defesa que apresento é simples. Certas implicações da teoria económica parecem, à primeira vista e para o observador menos treinado, pouco razoáveis. Contudo, várias dessas implicações sobrevivem a um teste rigoroso: a sua escrita numa outra linguagem – a matemática – em que as implicações e conclusões são retiradas de forma lógica das hipóteses formuladas inicialmente e claramente explicitadas.

Evita-se, com este teste, conclusões meramente especulativas ou mesmo falsas, para o conjunto de premissas formuladas. É este tipo de teste que torna a análise económica científica e mais poderosa do que a simples utilização de senso-comum (embora seja verdade que várias, mas não todas, conclusões da análise económica concordam com uma utilização judiciosa de bom-senso).

O treino e a disciplina, impostos pela utilização de formalização matemática, fornecem a base de um pensamento rigoroso sobre o funcionamento da economia. A análise económica, e a de economia industrial, não se esgota, como não poderia deixar de ser, nessa formalização.

As verdadeiras "arte"e intuição económicas consistem na aplicação dessa disciplina mental aos problemas e situações reais de forma útil. Essa capacidade é de cada um, não podendo ser ensinada, mas treinada. Se o leitor no final deste manual de exercícios sentir um maior rigor mental na análise do funcionamento de mercados e da interacção entre os agentes neles envolvidos, o objectivo dos exercícios apresentados terá sido alcançado.

Capítulo 1. Nota introdutória 3

Pretende-se que o livro seja útil para os alunos dos cursos de Economia Industrial ou de Microeconomia, mas também para todos os interessados em apreender as técnicas de análise de economia industrial.

Estrutura

O presente manual apresenta a resolução dos exercícios apresentados no livro *Economia Industrial*, por Luís Cabral, acrescidos de um capítulo com exercícios suplementares. A organização dos exercícios segue, naturalmente, a mesma ordenação capitular do livro *Economia Industrial*.

Os exercícios iniciais do capítulo final constituem revisões de elementos que se admite que o leitor já conheça, sendo tipicamente apresentados em cursos de Microeconomia. Assim, o leitor poderá resolver os exercícios (10.1–10.6) previamente, como forma de testar o nível de conhecimentos exigido.

Dos restantes exercícios, alguns foram retirados de provas de exame, pelo que abrangem mais do que um capítulo de teoria, permitindo uma visão integrada de diversos elementos.

Requisitos

Pressupõe-se que o leitor possua uma boa preparação em microeconomia (ao nível do exigido em *Economia Industrial* de Luís Cabral). O elemento técnico essencial é a familiaridade do leitor com problemas de maximização (com e sem restrições).

Embora o conjunto de conhecimentos e técnicas da moderna economia industrial seja demasiado amplo para ser coberto por um único livro de texto ao nível da licenciatura, existe um núcleo fundamental de matérias (como, por exemplo, a análise da interacção estratégia entre empresas) que é geralmente abordado.

O presente conjunto de exercícios, por incluir um grupo apreciável de questões em matérias fundamentais da área, pode ser usado conjuntamente com outros livros de texto de economia industrial. Exemplos de livros de texto alternativos que podem ser complementados com o presente manual de exercícios são: Dennis W. Carlton e Jeffrey M. Perloff, *Modern Industrial Organization*, Londres: Scott, Foresman, 1994; Oz Shy, *Industrial Organization – Theory and Applications*, Cambridge, Massachusetts: The MIT Press, 1995; e F. M. Scherer e David Ross, *Industrial Market Structure and Economic Performance*, Boston: Houghton Mifflin, 1990.

Existem dois grandes tipos de exercícios: os de cariz eminentemente analítico e questões para discussão. Os exercícios assinalados com * são normalmente mais exigentes de um ponto de vista matemático e analítico. Em alguns casos, a resolução de um exercício faz apelo a técnicas já sobejamente usadas em exercícios anteriores. Nesses casos, a apresentação da solução é feita de forma mais sumária.

A moderna análise de economia industrial incorpora uma componente de modelização de situações estilizadas. A resolução de exercícios baseados em modelizações matemáticas do funcionamento dos mercados ajudará a uma melhor compreensão da teoria económica relevante. Embora não seja intenção duplicar os argumentos teóricos desenvolvidos no livro *Economia Industrial* (ou outro livro de texto), sempre que for considerado adequado procede-se a uma rápida explanação dos conceitos teóricos subjacentes. Pretende-se com este procedimento que os interessados em economia industrial possam encontrar utilidade no presente conjunto de exercícios.

As questões de discussão são, naturalmente, de resolução mais ambígua, sendo possível, em vários casos e consoante as premissas adicionais que se assumam, apresentar diferentes resoluções. Em lugar de um tratamento exaustivo de todas as situações, procurou-se apresentar uma resposta possível, que fosse clara nas hipóteses usadas e no modo de pensar problemas com o instrumental fornecido pela economia industrial.

Agradecimentos

No processo de construção do conjunto de soluções aqui apresentado, recebi várias contribuições e sugestões importantes de colegas e alunos. A todos agradeço pelo auxílio prestado, em especial ao Duarte Brito e à Paula Antão. Uma menção especial é devida a Mário Alexandre Silva, pelas diversas sugestões apresentadas. Obviamente, todas as opiniões e deficiências existentes são da minha inteira e exclusiva responsabilidade.

Capítulo 2

Estrutura de mercado

■ **2.1** Considere os seguintes produtos: cimento, cortiça, águas minerais, automóveis e serviços bancários para pequenos depositantes. Em cada caso, determine o âmbito do mercado respectivo e apresente uma estimativa do grau de concentração.

Resolução:

A resolução do exercício será realizada apenas para um dos produtos: águas minerais. Procedimentos análogos podem ser seguidos para os restantes produtos.

Considere-se o mercado de águas minerais. A divisão tradicional do mercado das águas de mesa em dois submercados, águas de nascente e águas minerais, é feita por razões ligadas ao processo produtivo.

Dada a elevada substituibilidade no consumo entre as diferentes águas, podemos considerá-las como pertencendo a um mesmo mercado. Alguma substituibilidade com outras bebidas, nomeadamente refrigerantes, é possível, mas estes são produtos suficientemente afastados para se ter alguma confiança quanto à sua colocação num mercado separado.

As quotas de mercado para o ano de 1990 são as constantes da tabela infra apresentada. Para estimar o grau de concentração no mercado, usam-se os índices de concentração H e C_4. O índice de Herfindahl é definido como

$$H = \sum_{i=1}^{n} s_i^2 \qquad (2.1.1)$$

sendo s_i a quota de mercado da empresa i e n o número total de empresas no mercado. O índice de concentração C_4 é definido como a soma das quotas de mercado das quatro maiores empresas:

$$C_4 = \sum_{i=1}^{4} s_i \qquad (2.1.2)$$

estando as empresas ordenadas por ordem decrescente de dimensão.

Capítulo 2. Estrutura de mercado

Empresa	Quota de mercado em volume	Quota de mercado em valor
Águas minerais:		
Luso	32.20	19.67
Alardo	8.21	6.16
Carvalhelhos	7.53	10.16
Pedras Salgadas	6.95	13.37
Fastio	6.74	8.34
Vitalis	5.18	5.29
Salus - Vidago	3.14	5.09
Vimeiro	2.87	3.85
Pizões e Castelo	2.50	6.02
Monchique	1.34	1.22
Ladeira de Envendos	0.51	0.49
Campilho	0.46	1.04
Melgaço	0.05	0.11
Águas de nascente:		
Caramulo	6.97	5.69
Serrana	3.24	2.60
Bela Vista	2.55	1.86
Serra da Estrela	2.22	1.67
São Silvestre	2.17	2.94
São Lourenço	1.93	1.50
Cruzeiro	1.46	1.65
Água Viva	1.44	0.80
Vale de Cavalos	0.17	0.16
Areeiro	0.12	0.21
Fonte das Avencas	0.06	0.10

Em termos de concentração, e com base na tabela apresentada, obtém-se os seguintes valores para os índices de concentração H e C_4:

Mercado	Volume		Valor	
	H	C_4	H	C_4
Total	0.1391	54.91	0.094	51.54
Águas minerais	0.2168	70.66	0.1354	63.78
Águas de nascente	0.1669	67.09	0.1624	68.25

■ **2.2** Com base nos valores do Quadro 2.1, calcule o intervalo de valores do índice de Herfindahl para o sector dos seguros em Portugal em 1991.

Quadro 2.1: Empresas seguradoras
com quota de mercado superior a 2% em 1987

	Empresa	Quota
1	Império (P)	14.19
2	Mundial Confiança (P)	12.71
3	Fidelidade (P)	11.02
4	Tranquilidade (P)	10.56
5	Bonança (P)	9.50
6	Aliança Seguradora (P)	7.92
7	Portugal Previdente (SA)	3.00
8	Metrópole (SA)	2.60
9	Europeia (SA)	2.54
10	Trabalho (SA)	2.50
11	Social (SA)	2.14
12	Soc. Port. Seguros (SA)	2.10
13	Garantia (SA)	2.03

Notas: P = empresa pública;
SA = sociedade anónima.

Resolução:

No caso em questão, não se conhece as quotas de mercado de todas as empresas, pelo que o cálculo do índice H não pode ser realizado de forma exacta.

É, no entanto, possível obter limites inferior e superior. O limite inferior é obtido considerando-se que a concentração nas empresas que faltam é mínima. Isto é, têm quota de mercado aproximadamente nula: $s_i = 0, i \geq 14$. O valor do índice H é então:

$$H^{\min} = \sum_i^{13} s_i^2 = 0.07904 \qquad (2.2.1)$$

O limite superior é obtido considerando que a quota de mercado que não está incluída na amostra é distribuída da forma mais concentrada possível.

Sabendo que foram excluídas as empresas com quota de mercado inferior a 2%, a quota de mercado mais elevada compatível é precisamente 2% e podem existir $\tilde{n} = (1 - \sum_{i=1}^{13} s_i)/0.02$ empresas com essa quota de mercado.

A quota de mercado remanescente é 17.19, pelo que $\tilde{n} = 8.5$, e então existirão oito empresas com quota de mercado de 2% e uma empresa com quota de mercado 1.19%. O valor máximo do índice de Herfindahl é:

$$H^{\max} = \sum_{i=1}^{13} s_i^2 + \sum_{i=14}^{14+\tilde{n}} s_i^2 + s_{\tilde{n}+1}^2 = 0.08238 \qquad (2.2.2)$$

Resulta assim que $H^{min} \leq H \leq H^{max}$, sendo os valores de H^{min} e H^{max} os calculados pelas expressões previamente apresentadas.

■ **2.3*** A. Jacquemin propôs os seguintes requisitos duma boa medida de concentração[1]:

1. Carácter não ambíguo. Dados dois mercados, deve ser possível dizer inequivocamente qual deles se encontra mais concentrado.

2. Invariância à escala. A medida deve depender apenas da dimensão relativa de cada empresa.

3. Transferências. A medida deve aumentar quando se diminui a quota de mercado duma pequena empresa à custa de uma grande empresa.

4. Monotonicidade no número de empresas. Se as n empresas tiverem quotas de mercado idênticas, então a medida deve ser decrescente em n.

5. Cardinalidade. Dividindo cada empresa em k empresas iguais, a medida deve decrescer na mesma proporção.

Verifique se os índices C_n, H e ainda o índice "desvio-padrão das quotas de mercado" (σ_s) verificam estas condições.

Resolução:

Apresenta-se aqui a resolução respeitante ao índice "desvio-padrão das quotas de mercado" (σ_s). A verificação das mesmas condições para os dois outros índices não apresenta dificuldades e não será apresentada.

O índice "desvio-padrão das quotas de mercado" tem a expressão

$$\sigma_s = \sqrt{\frac{1}{N} \sum_{i=1}^{N} \left(s_i - \frac{1}{N}\right)^2} \qquad (2.3.1)$$

---
[1] Alexis Jacquemin, *Economia Industrial Europeia*, Lisboa: Edições 70, 1979.

Repare-se, em primeiro lugar, que esta medida não respeita o primeiro critério. Permite ordenar indústrias pelo seu grau de concentração, mas não permite uma ordenação não ambígua. Tome-se os seguintes exemplos:

Exemplo 1
Situação A: duas empresas com 50 % do mercado cada uma;
Situação B: uma empresa com 25 % e outra com 75 % de quota de mercado.

Na situação A não existe qualquer dispersão, e na situação B o desvio-padrão é não nulo. Por este exemplo somos levados a dizer que um maior valor para o índice σ_s corresponde a uma maior concentração.

Considere-se agora um segundo exemplo.

Exemplo 2
Situação A: duas empresas com 50% de quota de mercado cada uma;
Situação B: quatro empresas com quotas de mercado: 50 %, 25 %, 15 % e 10 %.

Neste caso, uma maior dispersão é sinónimo de menor concentração. Um maior valor de σ_s corresponde a uma menor concentração, o que vem contrariar a indicação obtida com o exemplo anterior.

A segunda exigência é respeitada, pois depende apenas das participações relativas das empresas (quotas de mercado). Quanto ao terceiro requisito, este é satisfeito.

Temos, por definição,

$$\sigma_s = \left(\frac{1}{N} \sum_{i=1}^{N} \left(s_i - \frac{1}{N} \right)^2 \right)^{1/2} \qquad (2.3.2)$$

pelo que a transferência de quota de mercado de uma empresa grande para uma empresa pequena tem o efeito de diminuir o valor do índice. Do mesmo modo, uma transferência de quota de mercado de uma empresa pequena para uma empresa grande aumenta a dispersão das quotas de mercado, levando portanto a um aumento do índice σ_s.

No que toca à quarta exigência, o índice σ_s não a respeita, pois com empresas iguais todas têm a mesma quota de mercado e o desvio-padrão das quotas de mercado é por definição nulo. E é sempre nulo qualquer que seja o número de empresas iguais que esteja no mercado. Sendo assim, esta medida de concentração não depende do número de empresas na indústria se estas forem todas iguais.

Finalmente, é fácil mostrar que a quinta exigência é respeitada:

$$\sigma_s(Nk) = \left[\frac{1}{Nk}\sum_{i=1}^{Nk}\left(\frac{s_i}{k} - \frac{1}{Nk}\right)^2\right]^2 = \frac{1}{k}\sigma_s(N) \qquad (2.3.3)$$

■ **2.4*** Mostre que $H = 1/n + n\,V(s_i)$, em que H é o índice de Herfindahl, n o número de empresas, e $V(s_i)$ a variância das quotas de mercado. Com base nesta equação, interprete o sentido da medida "número equivalente" de Adelman, definido como $NE \equiv 1/H$.

Resolução:

O índice de concentração H é definido como $H \equiv \sum_i s_i^2$. Por simples manipulação algébrica, é possível estabelecer que

$$H = N\sum_i \frac{s_i^2}{N} - \left(\frac{\sum_i s_i}{N}\right)^2 + \left(\frac{\sum_i s_i}{N}\right)^2 = \frac{1}{N} + N Var(s_i) \quad (2.4.1)$$

A medida "número equivalente" de Adelman é definida como $N^* = 1/N$, e tem a interpretação de ser o número de empresas iguais que constituiriam um mercado com concentração medida pelo índice de Herfindahl igual ao valor original de H. Se todas as empresas forem iguais $Var(N^*) = 0$, e nesse caso $H^* = 1/N^*$.

Capítulo 3

Modelos de oligopólio

■ **3.1** Considere um mercado com função procura $q = 200 - 2p$ onde operam uma empresa dominante e uma "faixa concorrencial" composta por pequenas empresas. As pequenas empresas tomam o preço da empresa dominante como dado e oferecem uma quantidade agregada dada por $S = p - 70$ ($p > 70$), em que p é o preço fixado pela empresa dominante, sendo a restante procura satisfeita pela empresa dominante. Determine a solução óptima da empresa dominante quando o seu custo marginal é constante e dado por (i) $c = 70$, (ii) $c = 45$, e (iii) $c = 20$.

Resolução:
O problema da empresa dominante é o de

$$\max_p \Pi = (p - c)(Q(p) - S(p)) \qquad (3.1.1)$$

pelo que fica, incorporando as expressões fornecidas,

$$\max_p \Pi = (p - c)(200 - 2p - p + 70)$$

ou

$$\max_p \Pi = (p - c)(270 - 3p)$$

A condição de primeira ordem para maximização do lucro da empresa dominante é[1]:

$$\frac{\partial \Pi}{\partial p} = 270 - 3p - 3(p - c) = 0 \qquad (3.1.2)$$

de onde resulta
$$p = (270 + 3c)/6$$

Os diversos valores de equilíbrio são $p_1 = 80$ se $c = 70$, $p_2 = 67.5$ se $c_2 = 45$, e $p_3 = 55$ se $c_3 = 20$. A franja competitiva não quererá participar no mercado aos dois últimos preços (facilmente verificável por $S < 0$ para estes valores de equilíbrio). A empresa dominante será então um monopólio. É, porém, necessário verificar que o preço de monopólio não induzirá a entrada de empresas da franja, isto é, verificar se o preço de monopólio é inferior a 70. O problema da empresa dominante enquanto monopolista é

$$\max_p \Pi = (p - c)(300 - 2p)$$

A condição de primeira ordem para este problema é

$$\frac{\partial \Pi}{\partial p} = 200 - 2p - 2p + 2c = 0$$

Resolvendo para o valor óptimo do preço:

$$p = \frac{200 + 2c}{4}$$

para $c = 45$ vem $p = 72.5$. Logo, para este preço de monopólio, entrariam empresas da franja competitiva. Para $c = 20, p = 60$ e não há produção da franja competitiva.

---

[1] É fácil verificar que a condição de segunda ordem para obtenção de um ponto máximo, $\partial^2 \Pi / \partial p^2 < 0$, se encontra satisfeita.

O problema do monopolista – empresa dominante, apresentado de um modo completo, é

$$\max_{p} \Pi$$
$$s.a. \quad \begin{cases} \Pi = (p-c)Q(p) & \text{se } p < 70 \\ \Pi = (p-c)(Q(p) - S(p)) & \text{se } p \geq 70 \end{cases}$$

Com um custo marginal $c = 20$, no primeiro caso vem $p = 60$ quando a empresa dominante se comporta como empresa monopolista. Para este valor do custo marginal, o preço de monopólio é ainda insuficiente para atrair a entrada no mercado de empresas da franja competitiva. Para um valor de custo marginal $c = 45$ ou $c = 70$, o preço de monopólio induz entrada de empresas da franja competitiva, pelo que este não pode ser um equilíbrio.

Para $c = 70$, a resolução do problema da empresa dominante com franja competitiva origina um preço de equilíbrio em que há produção positiva das empresas da franja. No caso de $c = 45$, o candidato a preço de equilíbrio que resulta da resolução do problema da empresa dominante cai fora do domínio admissível ($p \geq 70$), pelo que o preço de equilíbrio será $p = 70$ (já se verificou que o preço de monopólio é suficientemente elevado para induzir entrada de empresas da franja competitiva).

■ **3.2*** Considere um mercado constituído por uma empresa dominante e 10 outras empresas que constituem uma faixa concorrencial. A empresa dominante tem um custo marginal constante e igual a α. A função custo marginal de cada empresa da faixa concorrencial é, por seu turno, dada por $C'(q) = \beta + \gamma q$, onde todos os parâmetros são positivos e $\alpha < \beta$.

a) Determine a solução de equilíbrio segundo as hipóteses do modelo da empresa dominante.

b) Considere as duas hipóteses seguintes sobre a evolução futura deste mercado: (i) Anualmente, uma nova empresa entra para a faixa concorrencial, sendo a sua função custos idêntica à das restantes empresas. (ii) Anualmente, o custo de cada empresa da faixa concorrencial decresce 10%. Qual das hipóteses lhe parece mais consistente com o facto estilizado do declínio das empresas dominantes? Comente. Como alteraria a resposta se $\alpha > \beta$?

Resolução:

a) A função procura deste mercado é $Q = a - bp$. A faixa concorrencial escolhe a sua quantidade de acordo com

$$q_i \gamma + \beta = p \qquad (3.2.1)$$

A quantidade agregada de uma faixa concorrencial com n empresas é:

$$nq_i = n\frac{p - \beta}{\gamma} \qquad (3.2.2)$$

O problema da empresa dominante pode ser escrito como:

$$\max_p \Pi_d = (p - \alpha)(a' - b'p), \qquad a' = a + \frac{n\beta}{\gamma}, \qquad b' = b + \frac{n}{\gamma} \qquad (3.2.3)$$

Os valores de equilíbrio são:

$$p = \frac{a' + \alpha b'}{2b'}$$

$$q_d = \frac{a' - \alpha b'}{2}$$

$$Q = a - b\left(\frac{a' + \alpha b'}{2b'}\right)$$

b) Para avaliar do impacte de cada uma das alterações no mercado no declínio da empresa dominante, tome-se que o efeito de diminuição do custo marginal ocorre em β.

$$\frac{\partial q_d}{\partial n} = \frac{\beta - \alpha}{2\gamma} > 0 \qquad (3.2.4)$$

$$\frac{\partial q_d}{\partial \beta} = \frac{n}{2\gamma} > 0 \qquad (3.2.5)$$

Em relação ao efeito sobre o preço:

$$\frac{\partial p}{\partial \beta} = \frac{n}{2(b\gamma + n)} > 0$$

$$\frac{\partial p}{\partial n} = -\frac{1}{2}\gamma \frac{a - b\beta}{(b\gamma + n)^2} < 0$$

(a última condição vem menor do que zero por $b\beta < a$, condição necessária para a quantidade de mercado ser positiva quando o preço é igual ao custo marginal das empresas concorrenciais).

Um aumento do número de empresas na faixa concorrencial da indústria leva a um aumento da produção da empresa dominante. Não há declínio em termos de produção, mas sim em termos de lucros. O efeito aqui predominante é a disciplina resultante de haver mais empresas no mercado, levando a empresa dominante a comportar-se de forma mais concorrencial, isto é, a aumentar a sua produção (desde que o preço de mercado seja superior ao custo marginal α). Na verdade, se o número de empresas concorrenciais aumentar muito, e cada uma delas produzir uma pequena quantidade, pode mesmo suceder que a empresa dominante seja obrigada a ter preço igual ao custo marginal das empresas concorrenciais.

A diminuição do custo marginal das empresas concorrenciais leva a uma diminuição em termos absolutos (e logo também relativos) da importância da empresa dominante na indústria. Assim, a ideia de declínio da empresa dominante é melhor capturada pela diminuição de β.

Para $\alpha > \beta$, um aumento do número de empresas concorrenciais implica uma diminuição da quantidade da empresa dominante.

Neste caso, um aumento do número de empresas concorrenciais leva à noção de declínio da empresa dominante no sentido da diminuição da quantidade produzida por esta empresa.

■ **3.3** Muitos livros são frequentemente vendidos a um preço igual ao custo médio mais uma taxa normal de lucro. No entanto, a tecnologia de publicação de um livro é caracterizada por um custo fixo elevado e um custo marginal bastante baixo e constante. Como conciliar estes factos com o comportamento racional dos editores? Que tipo de modelo se adapta melhor a estes mercados? Ilustre graficamente.

Resolução:

Admitindo a ausência de poder de mercado significativo por parte dos editores, se o preço fosse (aproximadamente) igual ao custo marginal, tal como prescrito pelo modelo concorrencial, então as empresas teriam prejuízo. Logo, é racional para as editoras terem como referência o custo médio e não o custo marginal. Dada a diferenciação de produto (nenhum livro é igual a outro) e a facilidade de entrada, o modelo de concorrência monopolística é o que mais se adequa a este mercado. Este modelo gera também o resultado de o preço ser estabelecido com referência ao custo médio, permitindo aos editores apenas uma taxa de lucro normal (isto é, ausência de lucro económico, mas não de lucro contabilístico)[2].

---

[2]A referência clássica para este modelo é Richard Chamberlin, *The Theory of Monopolistic Competition*, Cambridge: Harvard University Press, 1933.

Graficamente,

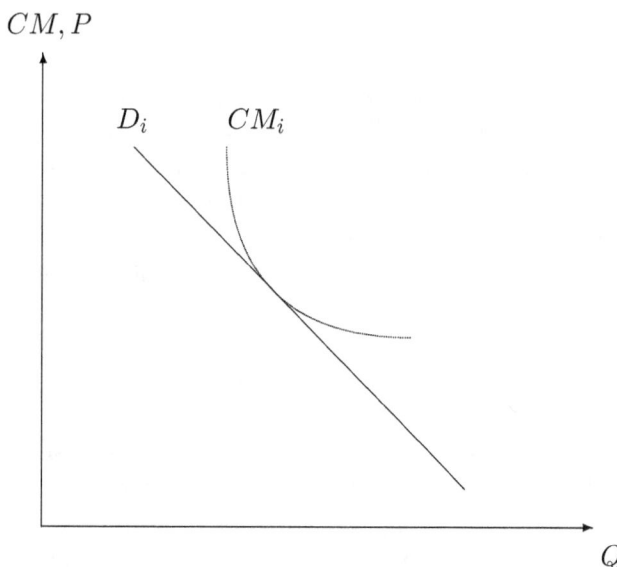

em que D_i é a curva de procura dirigida à empresa i, tangente à curva de custos médios. De outro modo, a empresa poderia estabelecer um preço que originasse lucros económicos positivos. A existência de lucros económicos positivos atrairia entrada, fazendo com que, para cada preço, a empresa i tivesse menor procura. O processo de entrada só se estabiliza quando o lucro económico de cada uma das empresas for nulo (o que sucede quando a curva de custos médios é tangente à curva de procura).

■ **3.4** Três críticas frequentemente apontadas ao modelo de Cournot são que, na realidade, as empresas (i) não utilizam como variável estratégica a quantidade produzida, mas sim o preço; (ii) não tomam as suas decisões simultaneamente; (iii) desconhecem a função custos das empresas rivais e, mais do que isso, desconhecem a noção de equilíbrio de Nash (isto é, as empresas não determinam o equilíbrio de Nash para escolher a sua estratégia).

Apresente argumentos que defendam o modelo de Cournot e o equilíbrio de Nash-Cournot como forma de estudar o comportamento de certos oligopólios. Qual o tipo de situações em que estes argumentos se aplicam?

Resolução:

Relativamente ao ponto (i), se as empresas utilizarem como variável estratégica o preço, depois de escolhida a capacidade de produção, então é como se escolhessem a quantidade, desde que a capacidade não seja muito elevada (por exemplo, para uma capacidade de cada empresa superior à procura de mercado a qualquer preço já o argumento não é válido); quanto a (ii), não é necessário que as empresas tomem decisões simultâneas, mas que quando uma empresa toma as suas decisões não conheça as decisões correntes das empresas rivais; finalmente, quanto a (iii), este ponto abarca dois aspectos distintos: "desconhecimento"da função custos das empresas rivais e a validade do conceito de equilíbrio de Nash como descrição da realidade. O elemento essencial é que as empresas quando tomam as suas decisões consideram como fixa a produção (esperada) das empresas rivais, escolhendo a sua quantidade a produzir por forma a maximizar o lucro. A obtenção de um equilíbrio de Nash poderá resultar de um processo de ajustamentos sucessivos[3].

O modelo de Nash-Cournot será mais apropriado em mercados em que os preços são decididos no curto prazo (ajustam-se de modo rápido) e as capacidades de produção são decididas num prazo mais longo (ajustam-se lentamente), sendo as escolhas de

---

[3]O argumento não é totalmente exacto, uma vez que a noção de aprendizagem e ajustamento implica dinâmica e o modelo de Cournot é um modelo estático.

capacidade interpretadas como as quantidades de equilíbrio do modelo de Cournot.

■ **3.5** Considere o mercado de um determinado produto homogéneo com procura inversa dada por $P = 150 - 4Q$. Existem duas empresas, ambas com custo marginal constante e igual a 40.

a) Determine os valores da situação de equilíbrio de Cournot (preço, quantidades e lucros).

b) Calcule a perda de eficiência como percentagem da perda de eficiência em situação de monopólio.

Resolução:

a) A curva de procura de mercado é dada por $P = P(Q) = P(q_1 + q_2)$ e os custos marginais (constantes) são c_1 para a empresa 1 e c_2 para a empresa 2.

Cada empresa tem como problema

$$\max_{q_i} \Pi(q_i; q_j), \qquad i = 1, 2;\ j = 1, 2;\ j \neq i \qquad (3.5.1)$$

sendo

$$\Pi(q_i; q_j) = (P(q_i + q_j) - c_i)\, q_i. \qquad (3.5.2)$$

Admitindo que a função lucro é concâva em q_i, a condição de primeira ordem é necessária e suficiente para a obtenção de um máximo. A condição de primeira ordem é

$$\frac{\partial \Pi_i}{\partial q_i} = P - c_i + \frac{\partial P}{\partial Q} q_i = 0 \qquad (3.5.3)$$

pois "cada empresa fixa a sua quantidade oferecida na expectativa de que a quantidade da empresa rival se mantenha constante."

A condição de primeira ordem define implicitamente a função de reacção (ou mais propriamente, a função de "melhor resposta") :

$$q_i = f(q_j; c_i, c_j), \qquad i=1,2;\ j=1,2;\ i \neq j \qquad (3.5.4)$$

Sem a explicitação de uma forma funcional para $P(Q)$ podemos trabalhar apenas a este nível de generalidade.

Vamos agora simplificar a análise e pressupor uma procura linear $P = a - bQ$, o que nos permitirá calcular facilmente a solução do modelo. As condições de primeira ordem que caracterizam o equilíbrio são

$$\begin{aligned} a - b(q_1 + q_2) - bq_1 &= c_1 \\ a - b(q_1 + q_2) - bq_2 &= c_2 \end{aligned}$$

A solução para cada uma das quantidades de equilíbrio, para a quantidade total e para o preço de mercado é dada por

$$q_1 = \frac{a - 2c_1 + c_2}{3b} \qquad (3.5.5)$$

$$q_2 = \frac{a - 2c_2 + c_1}{3b} \qquad (3.5.6)$$

$$Q = \frac{2a - c_1 - c_2}{3b} \qquad (3.5.7)$$

$$P = \frac{a + c_2 + c_1}{3} \qquad (3.5.8)$$

Usando estes resultados, tem-se $a = 150, b = 4$ e $c = 40$, pelo que

$$\begin{aligned} q_1 &= 9.16(6) \\ q_2 &= 9.16(6) \\ P &= 76.6(6) \\ \Pi_1 &= 336.1(1) = \Pi_2 \end{aligned}$$

b) Numa situação de monopólio, tem-se

$$Q = \frac{a-c}{b} = 13.75$$

Capítulo 3. Modelos de oligopólio

$$P = \frac{a+c}{2} = 95$$
$$\Pi = 756.25$$

A situação de eficiência é caracterizada por preço igual a custo marginal, e será igual a 40. A quantidade correspondente é $Q^c = 27.5$. A perda de eficiência, dado que o custo marginal é constante, é identificada com a variação do excedente do consumidor em relação a cada uma das situações (monopólio e duopólio):

$$\Delta BE = \frac{p-c}{2}\Delta Q \qquad (3.5.9)$$

em que um maior valor positivo significa uma perda de bem-estar. Os valores calculados são

$$\Delta BE^o = 168.0(5)$$
$$\Delta BE^m = 378.125$$
$$\frac{\Delta BE^o}{\Delta BE^m} = 4/9$$

Podia-se também alcançar este resultado de uma forma mais rápida:

$$\frac{\Delta BE^o}{\Delta BE^m} = \frac{4}{(n+1)^2} = \frac{4}{9}$$

■ **3.6** Refaça o exercício anterior partindo do princípio de que existem oito empresas em lugar de duas.

Resolução:

Considere-se o caso de oligopólio de produto homogéneo com procura linear e custo marginal constante em termos gerais: a curva de procura inversa é dada por $P = a - bQ$, a quantidade global é $Q = \sum_i q_i$ e o custo marginal (constante) é dado por c.

O problema de cada empresa i é o de

$$\max_{q_i} \Pi_i = (a - b\sum_{i=1}^{n} q_i - c)q_i, \qquad i = 1, \ldots, n \qquad (3.6.1)$$

A condição de primeira ordem deste problema (admitindo que cada empresa conjectura que as restantes não alterarão o nível da sua produção – hipótese de Cournot) é

$$a - b\sum_i q_i - c - bq_i = 0, \qquad i = 1, \ldots, n \qquad (3.6.2)$$

Tem-se assim uma condição de primeira ordem para cada empresa. Como este é um oligopólio simétrico, o resultado para as quantidades individuais terá de ser igualmente simétrico:

$$q_1 = q_2 = \ldots = q_n = q$$

Utilizando esta informação sobre as características do equilíbrio, a condição de primeira ordem de uma empresa representativa pode ser escrita como

$$a - bnq - bq - c = 0 \qquad (3.6.3)$$

o que permite retirar como solução para a quantidade individual de cada empresa num equilíbrio de Cournot:

$$q_i = q = \frac{a-c}{b(n+1)}, \qquad i = 1, \ldots, n \qquad (3.6.4)$$

A quantidade global no mercado é dada por

$$Q = nq = \frac{n}{n+1} \frac{a-c}{b}$$

e o preço é

$$P = \frac{a+nc}{n+1}$$

A perda de eficiência de oligopólio é então

$$\Delta BE = -\frac{1}{2}\left(\frac{(a-c)^2}{b(n+1)^2}\right) \simeq -18.67 \qquad (3.6.5)$$

■ **3.7** Considere um duopólio com procura dada por $Q = 10 - 0.5P$. A função custo total de cada empresa é dada por $C = 10 + q(q+1)$. Determine os valores de equilíbrio de Cournot.

Resolução:

No presente caso, não é possível utilizar a fórmula geral desenvolvida previamente, pois o custo marginal não é constante.

O problema de cada empresa é o de maximizar

$$\Pi_i = P(Q)q_i - C(q_i) \tag{3.7.1}$$

Invertendo a função procura, obtém-se

$$P = 20 - 2Q \tag{3.7.2}$$

e o lucro da empresa i pode ser escrito como:

$$\Pi_i = (10 - 2q_i - 2q_j)q_i - (10 + q_i + q_i^2) \tag{3.7.3}$$

A condição de primeira ordem é

$$\frac{\partial \Pi_i}{\partial q_i} = 20 - 4q_i - 2q_j - 1 - 2q_i = 0 \tag{3.7.4}$$

Resolvendo para q_i,

$$q_i = \frac{19 - 2q_j}{6} \tag{3.7.5}$$

Como o modelo é simétrico entre empresas (isto é, a condição de primeira ordem para maximização do lucro é igual para todas as empresas), o equilíbrio também o será: $q_i = q_j, \forall i,j$. Usando esta característica do equilíbrio,

$$q = 19/8; \quad Q = 19/4; \quad P = 10.5; \quad \Pi_i \simeq 6.92$$

■ **3.8** Refaça o exercício anterior partindo do princípio de que as funções custo são dadas por $C_1 = 10 + 2q_1$ e $C_2 = 10 + 1.5q_2$.

Resolução:

É necessário resolver integralmente o modelo, pois não há qualquer simetria entre as empresas que possa ser explorada.

Para a empresa 1, o problema é o de

$$\max_{q_1} \Pi_1 = (20 - 2q_1 - 2q_2)q_1 - 10 - 2q_1 \quad (3.8.1)$$

A condição de primeira-ordem é

$$\frac{\partial \Pi_1}{\partial q_1} = 20 - 4q_1 - 2q_2 - 2 = 0 \quad (3.8.2)$$

E a correspondente função reacção da empresa 1 é dada por

$$q_1 = \frac{18 - 2q_2}{4} \quad (3.8.3)$$

De modo similar, para a empresa 2 o problema defrontado é

$$\max_{q_2} \Pi_2 = (20 - 2q_1 - 2q_2)q_2 - 10 - 1.5q_2 \quad (3.8.4)$$

A condição de primeira-ordem é

$$\frac{\partial \Pi_2}{\partial q_2} = 20 - 2q_1 - 4q_2 - 1.5 = 0 \quad (3.8.5)$$

A função de reacção da empresa 2 é

$$q_2 = \frac{18.5 - 2q_1}{4} \quad (3.8.6)$$

Resolvendo agora simultaneamente para as duas funções reacção,

$$4q_1 + 2q_2 = 18$$
$$2q_1 + 4q_1 = 18.5$$

A solução é $q_1 = 2.9$, e $q_2 = 3.2$.

Capítulo 3. Modelos de oligopólio

■ **3.9*** Considere um duopólio de Cournot com procura dada por $Q = 500 - 50P$. A primeira empresa tem um custo marginal constante e igual a 8. A segunda empresa tem um custo marginal igual a 6 e capacidade limitada a 25 unidades. Calcule os valores de equilíbrio.

(Exercício elaborado por T. Bresnahan.)

Resolução:

Este exercício tem como principal diferença a existência de uma restrição de capacidade para a empresa 2.

A primeira questão a investigar é saber se a restrição de capacidade é activa. Usando os resultados anteriores (página 26),

$$q_1 = \frac{1}{3b}(a - 2c_1 + c_2); \quad q_2 = \frac{1}{3b}(a - 2c_2 + c_1) \quad (3.9.1)$$

Com $a = 10, b = 1/50, c_1 = 8$ e $c_2 = 6$,

$$q_1 = 0; \quad q_2 = 100 \quad (3.9.2)$$

Assim, se não existissem restrições de capacidade, apenas a empresa 2 permaneceria no mercado. Vejamos então como incorporar a restrição de capacidade na resolução do problema. A restrição de capacidade significa que a empresa 2 não pode produzir mais do que 25 unidades. A representação gráfica desta limitação encontra-se descrita na figura infra, em que a curva de reacção da empresa 2 fica truncada ao nível da capacidade.

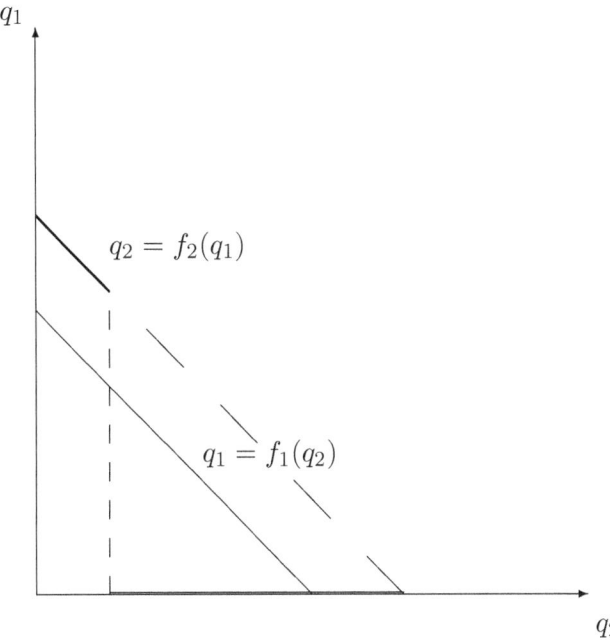

O equilíbrio de Cournot implicará que a empresa 2 funcione no limite da sua capacidade. Isto é,

$$q_2 = 25 \qquad (3.9.3)$$
$$q_1 = f(q_2 = 25) \qquad (3.9.4)$$

pelo que basta usar a função de reacção da empresa 1, para uma quantidade igual à capacidade disponível da empresa 2.

A função de reacção da empresa 1 num duopólio linear é dada por

$$q_1 = \frac{a-c}{2b} - \frac{1}{2}q_2$$

pelo que $q_1^* = 37.5$ e $q_2^* = 25$. Os restantes valores de equilíbrio são $Q = 62.5$ e $P = 8.75$.

■ **3.10** A indústria de calçado em determinado país é constituída por oito empresas. Cinco dessas oito empresas utilizam uma tecnologia antiga com produtividade de 0.25 unidades por hora de trabalho. As restantes empresas utilizam uma tecnologia moderna com produtividade de 0.45 unidades por hora de trabalho. A procura de mercado é dada por $Q = 500\,000 - 10P$ e o salário horário é $w = 500$ (preço e salário em escudos).

a) Determine o equilíbrio de Cournot neste mercado.

b) Qual o impacte nas quotas de mercado duma subida de 50% no salário horário?

c) Calcule o valor máximo que uma empresa estaria disposta a pagar pela nova tecnologia, partindo do princípio de que as restantes empresas continuariam a utilizar a mesma tecnologia. Repita o cálculo, considerando uma subida salarial de 50%.

Resolução:

Este exercício apresenta um oligopólio linear com oito empresas. Cinco destas empresas têm uma tecnologia antiga (A), com custo marginal de produção constante e igual a $4w(=c_A)$. Três das empresas funcionam com tecnologia moderna (M) e têm um custo marginal de produção constante e igual a $2.22w(=c_M)$.

A empresa i com tecnologia de tipo j, $j = A, M$, defronta o problema de

$$\max_{\{q_i\}} \pi_i = (a - bQ - c_j)q_i, \qquad Q = \sum_k q_k \qquad (3.10.1)$$

A condição de primeira ordem para a maximização do lucro de cada empresa é

$$a - bQ - c_j - bq_i = 0, \qquad i = 1, \ldots, 8$$

Sabe-se, adicionalmente, que o modelo implica simetria entre todas as empresas que têm tecnologia do tipo A, em número de n_1, pelo que $q_i = q_1$ para essas empresas. Do mesmo modo, $q_i = q_2$, para todas as empresas com tecnologia M, em número de n_2. As condições de primeira ordem caracterizadoras do equilíbrio podem então ser descritas como

$$a - b(n_1 q_1 + n_2 q_2) - c_1 - bq_1 = 0 \qquad (3.10.2)$$
$$a - b(n_1 q_1 + n_2 q_2) - c_2 - bq_2 = 0 \qquad (3.10.3)$$

Colocando este sistema sob a forma matricial,

$$\begin{bmatrix} n_1 + 1 & n_2 \\ n_1 & n_2 + 1 \end{bmatrix} \begin{bmatrix} q_1 \\ q_2 \end{bmatrix} = \begin{bmatrix} (a - c_1)/b \\ (a - c_2)/b \end{bmatrix}$$

A solução deste sistema é

$$q_1 = \frac{a - (n_2 + 1)c_1 + n_2 c_2}{(n_2 + n_1 + 1)b}; \qquad q_2 = \frac{a - (n_1 + 1)c_2 + n_1 c_1}{(n_2 + n_1 + 1)b} \qquad (3.10.4)$$

A quantidade agregada no mercado é

$$Q = \frac{(n_1 + n_2)a - c_1 n_1 - c_2 n_2}{b(n_2 + n_1 + 1)}$$

e o preço

$$P = \frac{a + n_1 c_1 + n_2 c_2}{n_2 + n_1 + 1}$$

A procura de mercado é dada por $Q = 500\,000 - 10P$, o que significa que $a = 50\,000$ e $b = 0.1$. Por outro lado, $w = 500$ implica $c_1 = 2000, c_2 = 1111.1(1)$. Sabe-se ainda que $n_1 = 5$ e $n_2 = 3$. Substituindo nas expressões respectivas, vem

$$q_1 = 50\,370; \qquad q_2 = 59\,259 \qquad (3.10.5)$$

para as quantidades produzidas por cada empresa, e os valores de equilíbrio de mercado para a quantidade total e preço são:

$$Q = 429\,629 \qquad (3.10.6)$$
$$P = 7037 \qquad (3.10.7)$$

Na alínea b), temos uma alteração dos valores dos parâmetros: $w = 750$, pelo que $c_1 = 3000$ e $c_2 = 750/0.45$. O efeito esperado é uma contracção no nível global de produção da indústria, muito mais acentuada nas tecnologias mais antigas. Os novos valores de equilíbrio são dados por[4]:

$$q_1 = 47\,778; \quad q_2 = 61\,111 \qquad (3.10.8)$$
$$Q = 422\,233; \quad P = 7778 \qquad (3.10.9)$$

A produção global diminui, mas as empresas de tecnologia moderna aumentaram a sua produção, aproveitando a contracção da produção das empresas com tecnologia mais antiga. Como consequência natural deste efeito, as empresas com tecnologia moderna aumentaram a sua quota de mercado.

Quanto à alinea c), para avaliar o máximo que uma empresa está disposta a pagar por uma tecnologia moderna é necessário comparar os lucros nas duas situações.

Na situação inicial, $\Pi^0 = 253\,717\,421$. Na nova situação, $n_1 = 4$ e $n_2 = 4$, pois uma empresa deixaria de ter tecnologia antiga para passar a dispor de tecnologia moderna. Vamos supor que a empresa considera que nenhuma outra das empresas com tecnologia antiga comprará a tecnologia moderna. Nestas circunstâncias,

$$q_1 = 49\,383; \quad q_2 = 58\,272 \qquad (3.10.10)$$
$$Q = 430\,617; \quad P = 6938 \qquad (3.10.11)$$

Os lucros para a empresa que muda de tecnologia nesta nova situação são $\Pi^1 = = 339\,557\,994$. O acréscimo de lucros pela aquisição da nova tecnologia é então de $\Delta\Pi = 85\,844\,304$.

Com o aumento nos custos, é natural que a opção de compra da nova tecnologia saia mais valorizada. Vejamos se assim sucede.

---

[4]Arredondamentos diferentes poderão originar discrepâncias nos valores finais.

Os valores relevantes são:

$$\tilde{\Pi}^0 = 228\,271\,605$$
$$\tilde{\Pi}^1 = 355\,569\,273$$
$$\Delta\tilde{\Pi} = 127\,297\,668 > \Delta\Pi$$

Verifica-se realmente que o incentivo para adquirir a tecnologia moderna é maior quando os custos de produção são maiores: de $\Delta\Pi = 85\,844\,304$ passou-se para $\Delta\tilde{\Pi} = 127\,297\,668$.

■ **3.11*** Verifique a fórmula de Cowling-Waterson nos equilíbrios dos exercícios anteriores.

Resolução:

A fórmula de Cowling-Waterson estabelece uma relação precisa, no modelo de Cournot, entre uma medida de desempenho, o índice de Lerner, e o grau de concentração no mercado[5].

- No exercício 3.7, $s_i = 0.5; p = 10.5; q_i = 2.375$ e $c'_i = 1+2q_i = 5.75$.
  O índice de Lerner é dado por

$$\mathcal{L} = \sum_i 0.5 \frac{P - c'_i}{P} = \frac{10.5 - 5.75}{10.5} = 0.452$$

Por outro lado, $H = 0.5$ e $\varepsilon = -(P/Q) \times (\partial Q/\partial P) = 0.5 \times (P/Q) = 1105$. Em equilíbrio de Cournot, $\mathcal{L} = H/\varepsilon = 0.5/1105 = 0.452$.

---

[5] A derivação original desta relação encontra-se em Keith Cowling and Michael Waterson, "Price-Cost Margins and Market Structure", *Economica*, **43**: 267–274, 1976. Actualmente, a maioria dos livros de texto de economia industrial já a apresenta.

- No exercício 3.8, $q_1 = 2.9; c_1 = 2; q_2 = 3.2; c_2 = 1.5; Q = 6.1$ e $P = 7.8$ são os dados de equilíbrio. O índice de Lerner é

$$\mathcal{L} = 0.4754(7.8 - 2)/7.8 + 0.5246(7.8 - 1.5)/7.8 = 0.78$$

Calculando o índice de concentração H e a elasticidade da procura no ponto de equilíbrio, ε:

$$H = 0.5012 \quad \text{e} \quad \varepsilon = 0.639 \longrightarrow \frac{H}{\varepsilon} = 0.78$$

- No exercício 3.9, $q_1 = 37.5; q_2 = 25; Q = 62.5; P = 8.75; c_1 = 8$ e $c_2 = 6$. E tem-se como valores calculados $\varepsilon = 7; s_1 = 0.6; s_2 = 0.4$ e $H = 0.52$. E $H/\varepsilon = 0.0743$ e $\mathcal{L} = 0.6 \times (8.75 - 8)/8.75 + 0.4 \times (8.75 - 6)/8.75 = 0.177$. E $\mathcal{L} \neq H/\varepsilon$ pois neste caso a empresa 2 encontra-se limitada pela sua capacidade.

■ **3.12** Comente a seguinte afirmação: "A relação típica entre preços e custos sob condições de oligopólio não é muito diferente da que prevaleceria sob condições de monopólio". (J. Duesenberry, *Business Cycles and Economic Growth*, 1958, p.113.)

Resolução:

A afirmação poderá ser ou não correcta conforme o modelo de oligopólio que se tenha em mente, já que "condições de oligopólio"abrange um leque muito vasto de resultados de equilíbrio, que pode ser ou não semelhante ao que acontece em condições de monopólio.

A título de exemplo, vejamos duas "condições de oligopólio" particulares. Na primeira, a relação entre preços e custos será semelhante à que prevaleceria em situação de monopólio. Na segunda, a relação será consideravelmente diferente da existente sob a situação de monopólio.

Tabela 3.1: Empresas de vidro de embalagem

Firma	Vol.Neg. 1987	Vol.Neg. 1988	VAB	A.L.	S.L.	N.T.	R.L.	P.
B. & A.	4329	3641	2304	3691	2789	557	850 464	7.8
S Barosa	3563	3174	1739	2431	1299	630	13 7246	5.7
Sotancro	2943	2696	1341	1936	526	600	51 571	4.9
R. Gallo	2900	2526	1426	4494	919	473	42 181	6.1
CIVE	2792	1839	1569	4077	(1147)	474	14 575	5.9

Notas: Volume de negócios (Vol.Neg.), VAB, Activo líquido (A.L.) e Situação Líquida (S.L.) em milhões de contos; Resultados Líquidos (R.L.) em milhares de contos. N.T.: Número de trabalhadores.
P.: Produtividade.
Fonte: *Indústria*, Novembro 1988.

Os exemplos são, para o primeiro caso, a solução em que as empresas chegam a acordo de modo a funcionarem como monopólio, e para o segundo caso, tome-se a solução de Bertrand para um oligopólio. Neste último caso, tender-se-á a estar mais próximo de uma situação de concorrência perfeita do que de uma situação de monopólio. Se as empresas tiverem custos marginais constantes e idênticos, o equilíbrio de Bertrand coincide com o equilíbrio de concorrência perfeita. No primeiro caso, acordo de cartel, por definição as empresas replicam exactamente a situação de monopólio.

■ **3.13** Considere os dados respeitantes a empresas de vidro de embalagem, em 1987, constantes do Quadro 3.1. Colocando as hipóteses que achar convenientes, determine o índice de Lerner desta indústria.

Resolução:

O volume de negócios equivale à medida habitual de PQ. Para achar o numerador do índice de Lerner existem duas hipóteses: utilizar a informação do VAB ou utilizar os resultados líquidos.

Quanto ao VAB, sabemos que numa indústria concorrencial caracterizada por rendimentos constantes à escala, o seu valor é igual à remuneração dos factores produtivos. No entanto, se tivessemos uma situação competitiva, não era necessário realizar contas para calcular o índice de Lerner: seria nulo por definição (admitindo a hipótese de ausência de custos fixos).

Resta a utilização dos resultados líquidos, que têm a desvantagem de, por um lado, a remuneração dos accionistas poder não estar incluída e, por outro lado, este valor estar sujeito a diversas manipulações contabilísticas. Contudo, no seu cálculo, à falta de melhor indicador, usaremos como aproximação ao índice de Lerner de cada empresa:

$$\mathcal{L}_i = \frac{PQ - c'Q}{PQ} = \frac{Res.Liq}{Vol.Neg} \qquad (3.13.1)$$

O índice de Lerner da indústria é então obtido ponderando o índice de Lerner de cada empresa pela respectiva quota de mercado:

$$\mathcal{L} = \sum_i s_i \mathcal{L}_i \qquad (3.13.2)$$

onde s_i é a quota de mercado.

Efectuando os cálculos para o ano de 1987, obtém-se como índice de Lerner da indústria o valor $\mathcal{L} = 0.0655$. Este valor do índice de Lerner esconde diferenças apreciáveis entre as várias empresas, como se pode avaliar a partir da comparação dos índices de Lerner individuais: B. & Almeida 0.233; Santos Barosa 0.043; Sotancro 0.019; Ricardo Gallo 0.016 e CIVE 0.008.

■ **3.14** Mostre que num duopólio de Cournot, a quantidade e o lucro de equilíbrio da empresa i são funções decrescentes do custo marginal (constante, por hipótese) da empresa i e crescentes do custo marginal da empresa j.

Resolução:

A curva de procura de mercado é dada por $P = P(Q) = P(q_1+q_2)$ e os custos marginais (constantes) são c_1 para a empresa 1 e c_2 para a empresa 2.

A empresa $i, i = 1, 2$ tem como problema

$$\max_{q_i} \Pi(q_i; q_j), \qquad i = 1, 2; \; j = 1, 2; \; j \neq i \qquad (3.14.1)$$

sendo $\Pi(q_i; q_j) = (P(q_i + q_j) - c_i)q_i$; $i = 1, 2; j = 1, 2; i \neq j$. Admitindo que
a função lucro é concâva em q_i, a condição de primeira ordem é necessária e suficiente para a obtenção de um máximo. A condição de primeira ordem é

$$\frac{\partial \Pi_i}{\partial q_i} = P - c_i + \frac{\partial P}{\partial Q} q_i = 0 \qquad (3.14.2)$$

pois "cada empresa fixa a sua quantidade oferecida na expectativa de que
a quantidade da empresa rival se mantém constante."

A condição de primeira ordem define implicitamente a função de reacção (ou mais propriamente, a função de "melhor resposta") $q_i = f(q_j; c_i, c_j)$, $i = 1, 2$; $j = 1, 2$ e $i \neq j$. Sem a explicitação de uma forma funcional para $P(Q)$, podemos trabalhar apenas a este nível de generalidade. Vamos agora simplificar a análise e pressupor procura linear $P = a - bQ$, o que nos permitirá calcular facilmente a solução do modelo. As condições de primeira ordem que caracterizam o equilíbrio são:

$$a - b(q_1 + q_2) - bq_1 = c_1$$
$$a - b(q_1 + q_2) - bq_2 = c_2$$

A solução para cada uma das quantidades de equilíbrio, para a quantidade total e para o preço de mercado é dada por

$$q_1 = \frac{a - 2c_1 + c_2}{3b}; \qquad q_2 = \frac{a - 2c_2 + c_1}{3b} \qquad (3.14.3)$$

$$Q = \frac{2a - c_1 - c_2}{3b}; \quad P = \frac{a + c_2 + c_1}{3} \quad (3.14.4)$$

Consideremos agora um aumento do custo marginal da empresa 1:

$$\frac{\partial q_1}{\partial c_1} = -\frac{2}{3b}; \quad \frac{\partial q_2}{\partial c_1} = \frac{1}{3b}$$

$$\frac{\partial Q}{\partial c_1} = -\frac{1}{3b}; \quad \frac{\partial P}{\partial c_1} = \frac{1}{3}$$

Se aumenta o custo marginal da empresa 1, a sua produção diminui, mas à contracção da produção da empresa 1 responde a empresa 2 com uma expansão da sua produção. Todavia, esta expansão da produção da empresa 2 é inferior à contracção da produção da empresa 1, pelo que a quantidade global no mercado diminui. Em consequência, o preço de mercado aumenta.

■ **3.15** A procura de automóveis em França é dada por $Q = 2\,000\,000 - 17P$ (preços em francos). O custo marginal de produção é 59 000. Suponha que os produtores franceses se comportam como um cartel, o mesmo acontecendo com os alemães (o único exportador para França, por hipótese). O custo marginal dos alemães (incluindo custos de transporte) é 70 000 FF, à taxa de câmbio actual.

a) Determine a solução de equilíbrio de Cournot no mercado francês.

b) Qual o montante de desvalorização cambial do FF que levará os Alemães a exportar zero para França?

c) Qual o montante de desvalorização cambial do DM que levará os Alemães a deter uma quota de 100% no mercado francês?

(Exercício elaborado por T. Bresnahan.)

Resolução:

a) A solução de equilíbrio de Cournot é dada por (a definição e resolução do problema de maximização do lucro de cada uma das empresas neste mercado é similar à dos exercícios anteriores e não será repetida aqui):

$$q_F = \frac{a - 2c_F + c_A}{3b} = 394\,666$$

$$q_A = \frac{a - 2c_A + c_F}{3b} = 207\,666$$

$$Q = 602\,333$$

$$P = 82\,215\,\text{FF}$$

b) Para os Alemães exportarem zero, $q_A = 0$, o que se obtém com

$$\frac{a - 2c_A + c_F}{3b} = 0 \qquad (3.15.1)$$

Substituindo pelos valores respectivos, vem $c_A^* = 88\,324\,\text{FF}$, que é o valor do custo marginal dos produtores alemães expresso em francos que leva a exportações nulas da Alemanha para França.

c) De modo similar ao caso anterior, quer-se $q_F = 0$, o que se obtém para $c_A' = 353\,\text{FF}$.

■ **3.16*** Nos modelos apresentados neste capítulo foi sempre posta a hipótese de que as empresas procuram maximizar o lucro. Considere agora um duopólio de Cournot em que um dos concorrentes é uma empresa pública cujo objectivo é a maximização do excedente total. Considere também o caso em que ambos os concorrentes são empresas públicas. Como variam o preço, a quantidade, as quotas de mercado, os lucros e o excedente do consumidor com a introdução desta alteração? Com base nos resultados obtidos, comente a ideia de que a análise dos lucros não

Capítulo 3. Modelos de oligopólio

é suficiente para comparar a prestação das empresas públicas com a das empresas privadas.

Resolução:

Considere-se como ponto de partida um mercado caracterizado por procura linear $P = 1 - Q$, custo marginal constante nulo (para ambas as empresas).

A medida de bem-estar neste mercado é

$$W = (1-P)\frac{Q}{2} + (P-c)Q = Q - \frac{Q^2}{2}, \qquad Q = q_1 + q_2 \quad (3.16.1)$$

A empresa 1 maximiza o bem-estar social e a empresa 2 maximiza o lucro. A condição de primeira ordem do problema da empresa 1 é:

$$1 - q_1 - q_2 = 0 \quad (3.16.2)$$

e a condição de primeira ordem do problema de maximização do lucro da empresa 2 é

$$1 - q_1 - 2q_2 = 0 \quad (3.16.3)$$

Como não é possível satisfazer as duas condições de primeira ordem simultaneamente, vem como equilíbrio de Cournot $q_1 = 1$ e $q_2 = 0$.

Para esta formalização simples, se ambas as empresas maximizarem o lucro, a quantidade agregada não se altera, mas a distribuição de produção pelas duas empresas é indeterminada. Nada mais se altera face à situação anterior.

Suponha-se agora que os custos marginais de produção são c_1 e c_2. Neste caso, as quantidades de equilíbrio são

$$q_1 = 1 - 2c_1 + c_2; \qquad q_2 = c_1 - c_2$$
$$Q = 1 - c_1; \qquad P = c_1$$

e para que ambas as quantidades sejam positivas é necessário que o custo marginal da empresa 2 seja inferior ao da empresa 1: $c_2 < c_1$.

Para o caso de ambas as empresas maximizarem o excedente social, apenas produz a empresa 2, a que tem menor custo marginal, o preço de mercado será menor (igual ao seu custo marginal), a quantidade total maior. O excedente do consumidor aumenta e os lucros dos produtores diminuem.

Segundo estes exemplos, a empresa pública deve ter lucro económico nulo (que não lucro contabilístico nulo), o que não sucede com as empresas privadas.

Significa que se o desempenho da empresa pública for avaliado através dos lucros obtidos, aquele é aparentemente menor do que se estivéssemos na presença de apenas empresas privadas. Esta visão é, porém, errada porque, no contexto do modelo, se a empresa pública maximiza o bem-estar social e a empresa privada o lucro obtido, só nos casos em que a medida de bem-estar social coincide com os lucros das empresas é que o desempenho da empresa privada seria igual ou superior ao da empresa pública. Na verdade, se os lucros das empresas forem o resultado do exercício de poder de mercado, quanto maior for este valor, maior será a distorção e menos eficiente será a afectação de recursos (menor nível de bem-estar). Assim, em determinadas circunstâncias, quanto mais elevados os lucros, menor o desempenho de um ponto de vista social.

■ **3.17*** Considere um oligopólio de Bertrand em que cada empresa tem um custo marginal constante c_i, não necessariamente igual para todas as empresas. A procura dirigida à empresa i é dada por $D(p_i)/n_i$, se p_i for o preço mais baixo e onde n é o número de empresas com preço igual ao da empresa i. Determine o preço e as quantidades de equilíbrio. Sugestão: Suponha que o preço tem de ser determinado como um valor inteiro (em escudos, por exemplo).

Capítulo 3. Modelos de oligopólio

Resolução:

Vamos então supôr que (i) existem K níveis diferentes de custos marginais tais que $c_1 < c_2 < \ldots < c_K$; (ii) existem várias empresas com estas estruturas de custos, $n_i, i = 1, 2, \ldots K$, tal que o número total de empresas no mercado é dado por $N = \sum_{i=1}^{K} n_i$. Num oligopólio de Bertrand, tem-se uma situação em que cada empresa estabelece o seu preço. No caso de produto homogéneo, os consumidores irão comprar ao produtor que anunciar o preço mais baixo de todos os que forem anunciados.

Para calcular o equilíbrio, há que estudar dois casos:

- $n_1 = 1$, e apenas esta empresa, que tem os menores custos marginais constantes do mercado, permanece no mercado $P = c_2 - \varepsilon$, a quantidade associada é $Q = D(c_2 - \varepsilon)$, em que este ϵ é o menor valor inteiro possível, isto é, 1 escudo, de acordo com a sugestão.

- $n_1 > 1$, e neste caso temos o equilíbrio de Bertrand mais comum, em que $P = c_1, Q = D(c_1)$, com as n_1 empresas a serem as únicas presentes no mercado, dividindo a procura entre si.

■ **3.18*** O sector português da pasta de papel é constituído por quatro empresas: Portucel, Soporcel, Celbi e Companhia de Celulose do Caima. A quota de mercado da primeira destas empresas é aproximadamente o dobro da média das restantes. Deduza valores numéricos para os parâmetros dos modelos de Cournot e Stackelberg consistentes com esta distribuição de quotas de mercado (naturalmente, no caso do modelo de Stackelberg a Portucel seria a empresa líder.)

"A Portucel destaca-se [...] pela forte integração que lhe possibilita o aproveitamento de economias de gama". Em que medida é que esta observação influencia a escolha entre o modelo de Cournot e o modelo de Stackelberg?

Resolução:

Para o equilíbrio de Cournot, uma empresa só poderá ter maior quota de mercado se for mais eficiente do que as restantes. Para simplificar, admita-se que o custo marginal de produção é constante, e que é c_1 para a Portucel e $c_2 > c_1$ para as restantes empresas (que são tomadas como idênticas). A procura (inversa) é dada por $P = 1 - Q$, com $Q = \sum_i q_i$.

A função lucro da Portucel é $\Pi_1 = (P - c_1)q_1$ e a função lucro das restantes empresas é $\Pi_i = (P - c_2)q_i$. A resolução das condições de primeira ordem origina como solução:

$$q_1 = \frac{1 - 4c_1 + 3c_2}{5}; \quad q_2 = \frac{1 - 2c_2 + c_1}{5} \qquad (3.18.1)$$

em que q_2 é a quantidade produzida por cada uma das empresas (que não a Portucel).

A informação dada é a de que:

$$q_1/q_2 = 2 \rightarrow \frac{1 - 4c_1 + 3c_2}{1 - 2c_2 + c_1} = 2 \qquad (3.18.2)$$

Fazendo $c_1 = 0$[6], resulta que para satisfazer a condição acima se tem de ter $c_2 = 1/7$.

No caso do equilíbrio de Stackelberg, a função de reacção das empresas que não a Portucel é:

$$q_2 = \frac{1 - c_2}{4} - \frac{q_1}{4} \qquad (3.18.3)$$

O problema de maximização do lucro da Portucel é, neste modelo,

$$\max_{q_1} \Pi_1 = \left(1 - q_1 - 3\left(\frac{1 - c_2}{4}\right) + \frac{3q_1}{4} - c_1\right) q_1 \qquad (3.18.4)$$

---

[6] Os mesmos resultados qualitativos seriam obtidos com outra hipótese sobre o valor de c_1. É apenas necessário ter o cuidado de especificar valores que originem quantidades positivas produzidas em equilíbrio.

Da condição de primeira ordem deste problema retira-se

$$q_1 = \frac{1 + 3c_2 - 4c_1}{2} \qquad (3.18.5)$$

e substituindo na função reacção das restantes empresas:

$$q_2 = \frac{1 - 5c_2 + 4c_1}{8} \qquad (3.18.6)$$

A informação dada exige que

$$\frac{q_1}{q_2} = \frac{4(1 + 3c_2 - 4c_1)}{1 - 5c_2 + 4c_1} = 2 \qquad (3.18.7)$$

Para $c_1 = c_2 = 0, q_1 = 1/2$ e $q_2 = 1/8$, logo $q_1 > 2q_2$. Tome-se então $c_2 = 0$ e $c_1 = 1/12$.

Para um equilíbrio de Cournot ser compatível com $q_1 = 2q_2$, é necessário $c_1 < c_2$. Por outro lado, para o equilíbrio de Stackelberg ser compatível com $q_1 = 2q_2$, tem-se $c_1 > c_2$. A informação de que há aproveitamento de economias de gama por parte da Portucel significa que $c_1 < c_2$, logo a escolha recai sobre o modelo de Cournot.

■ **3.19** O relatório sobre "A Competitividade de Portugal: Desenvolver a Auto-confiança", mais conhecido como "Relatório Porter", critica o postulado de que "Portugal necessita de desenvolver indústrias de alta tecnologia"(p. 4). Um dos argumentos apresentados contra este postulado é que "essas indústrias – especialmente a robótica – são notoriamente não rentáveis"(p. 23). Como justifica este facto, atendendo a que as indústrias de alta tecnologia se caracterizam frequentemente por fortes economias de experiência?

Resolução:

A existência de economias de experiência significa que é necessário alcançar um volume bastante elevado de produção acumulada antes de se atingir um nível de custos médios de produção baixo. Isto é, quanto maior for a produção, mais reduzido será o custo médio de produção. A dimensão do mercado interno português é suficientemente pequena para tornar difícil atingir esse volume de produção crítico, e a penetração nos mercados externos para a alcançar é também susceptível de apresentar dificuldades. A implicação destes dois factos é que as empresas portuguesas neste sector apresentarão custos médios de produção superiores aos das suas congéneres de grandes países, pois a capacidade de explorar economias de experiência com base na dimensão do mercado doméstico é maior em economias grandes do que em economias pequenas.

Capítulo 4

Poder de mercado

■ **4.1** Procure uma notícia de jornal sobre uma indústria à sua escolha. Com base na informação disponível, caracterize as condições para a formação e manutenção de um acordo de cartel. Qual a evidência empírica de acordos entre empresas na indústria que escolheu?

Resolução:

De quando em quando, ouve-se a notícia de listas de preços distribuídas por uma associação sectorial aos seus membros (e é vulgar a distribuição de informação relacionada com o sector). Essa informação pode actuar como um mecanismo de coordenação entre as diferentes empresas de um sector. Para um acordo de cartel se formar e manter é necessário que exista algum mecanismo que detecte e penalize as empresas que se desviem do acordo.

A existência de listas de preços facilita a detecção de desvios aos preços anunciados. Também se a associação providenciar a troca de informação entre as empresas de forma mais frequente, torna mais rápida a detecção de desvios. A penalização de desvio ao acordo de cartel consiste, usualmente, em períodos de guerras de preços. O argumento apresentado é o de que a troca de informação regular e detalhada entre empresas sobre os preços praticados e as quantidades vendidas facilita a formação e a manutenção de acordos de cartel.

Evidência de extensa troca de informação entre empresas de um mesmo sector pode constituir um primeiro sinal de existência de acordo. Quanto mais detalhada e frequente for a informação partilhada, mais suspeitas se pode ter sobre possíveis acordos.

É contudo de referir que nem toda a troca de informação é evidência de acordos de cartel, como, por exemplo, informação sobre condições gerais de mercado, como o crescimento da procura.

■ **4.2*** Considere um mercado com procura dada por $Q = 40 - P$. Existem duas empresas, com custos marginais constantes $c_1 = 10$ e $c_2 = 11$. Determine a solução de Cournot e as seguintes soluções de cartel: (i) cartel eficiente sem pagamentos laterais; (ii) cartel eficiente com partilha equitativa de lucros; (iii) cartel com quotas de mercado idênticas. Qual(is) (das) solução(ões) de cartel lhe parece(m) factível(is)? Justifique.

Resolução:

Recuperando a solução geral do duopólio linear (procura linear e custos marginais constantes), já anteriormente apresentada,

$$q_1 = \frac{a - 2c_1 + c_2}{3b} \qquad (4.2.1)$$

$$q_2 = \frac{a - 2c_2 + c_1}{3b} \qquad (4.2.2)$$

$$Q = \frac{2a - c_1 - c_2}{3b} \qquad (4.2.3)$$

$$P = \frac{a + c_1 + c_2}{3b} \qquad (4.2.4)$$

Temos que $a = 40, b = 1, c_1 = 10, c_2 = 11$, pelo que a solução de Cournot é dada por $q_1 = 10.3, q_2 = 9.3; Q = 19.6; P = 20.3; \pi_1 = 106.8$ e $\pi_2 = 87.1$.

Num cartel eficiente, apenas a empresa mais eficiente produzirá, pois os custos marginais são constantes. Para um dado volume de produção que o cartel escolha, o custo de produção é minimizado usando a empresa que tem menores custos marginais. O cartel eficiente resolverá o seguinte problema:

$$\max_q \pi = (40 - Q - c)Q \qquad (4.2.5)$$

sendo a condição de primeira ordem respectiva dada por

$$\partial \pi / \partial Q = 40 - 2Q - c = 0 \qquad (4.2.6)$$

A solução óptima é dada por

$$Q = \frac{40 - c}{2} \qquad (4.2.7)$$

$$P = \frac{40 + c}{2} \qquad (4.2.8)$$

$$\pi = \left(\frac{40 - c}{2}\right)^2 \qquad (4.2.9)$$

Os valores de equilíbrio são $Q = 15; P = 25, \pi = 225 > 106.8 + 87.1 = 194$, e sem nenhuma regra de repartição de lucros o cartel eficiente implicaria $\pi_1 = 225$ e $\pi_2 = 0$.

Com partilha equitativa de lucros $\pi_1^c = 112.5$, superior aos lucros no valor de 106.8 da solução de Cournot. Do mesmo modo para a outra empresa, $\pi_2^c = 112.5$, também superior aos lucros de 87.1 da solução de Cournot.

Um cartel com idênticas quotas de mercado tem o seguinte problema:

$$\max_{\{q_1, q_2\}} \pi = (40 - (q_1 + q_2))(q_1 + q_2) - c_1 q_1 - c_2 q_2 \text{ s.a. } q_1 = q_2 \qquad (4.2.10)$$

Incorporando a restrição na função objectivo, o problema fica

$$\max_{q_1} \pi = (40 - 2q_1)2q_1 - (c_1 + c_2)q_1 \qquad (4.2.11)$$

A condição de primeira ordem correspondente é

$$\frac{\partial \pi}{\partial q_1} = 80 - 4q_1 - 4q_1 - (c_1 + c_2) = 0 \qquad (4.2.12)$$

resultando no valor óptimo $q_1 = 10 - (1/8)(c_1 + c_2)$, o que, para as condições de custo indicadas, vem $q_1 = 7.375; q_2 = 7.375; Q = 14.75$ e $P = 25.25$. Os lucros são $\pi_1 = 112.46$ e $\pi_2 = 105.09$.

Ordenando as diversas situações do ponto de vista da empresa 1, o cartel eficiente sem pagamentos laterais é superior ao cartel eficiente com partilha equitativa de lucros, que por sua vez é melhor do que o cartel com quotas de mercado idênticas. Seja como for, qualquer uma das situações de cartel é preferível à solução de Cournot.

Do ponto de vista da empresa 2, a ordenação das várias soluções é ligeiramente diferente. A melhor situação é a de cartel eficiente com partilha equitativa de lucros, seguida de cartel com quotas de mercado idênticas, da solução de Cournot e finalmente da solução de cartel eficiente sem pagamentos laterais.

Resulta assim que as únicas soluções de cartel que merecem o acordo das duas empresas são a de cartel eficiente com partilha equitativa de lucros e a de cartel com quotas de mercado idênticas, embora a primeira seja estritamente preferida por ambas as empresas. Se pagamentos laterais forem proibidos, a única solução de cartel aceitável por ambas as empresas será a de cartel com quotas de mercado idênticas.

■ **4.3** Considere um duopólio em que a procura é dada por $P = 58 - Q/100$. A função custos de cada empresa é $C = 10q$.

Capítulo 4. Poder de mercado

Considera-se a possibilidade da formação de um cartel. Sabe-se que, no caso de uma empresa desrespeitar o acordo, tal actuação será detectada imediatamente com probabilidade 10% ou nunca com probabilidade 90%. É também sabido que se a quebra do acordo for detectada, as empresas começarão uma guerra de preços que levará a uma situação de preço igual ao custo marginal. As três propostas para a fixação da quantidade a produzir pelo cartel são $Q = 2400$, $Q = 2600$ e $Q = 3000$.

a) Determine o lucro de cada empresa correspondente a cada proposta, supondo que as quotas são igualmente distribuídas.

b) Determine o montante máximo que uma empresa poderia ganhar por desrespeitar o acordo sem que a outra empresa o saiba. (Assuma que cada empresa fixa a quantidade a produzir e que o preço de mercado é determinado pela oferta total.)

c) Qual a sua recomendação para este cartel?
(Exercício elaborado por T. Bresnahan.)

Resolução:

Na tabela seguinte apresenta-se os elementos correspondentes às diferentes quantidades de cartel:

Q	P	π	$q_i, i = 1, 2$	π_i
2400	34	57 600	1200	28 800
2600	32	57 200	1300	28 600
3000	28	56 800	1500	27 000

No caso de o cartel ser desrespeitado, põe-se a questão de saber qual será, para cada quantidade de cartel, o desvio que cada empresa deseja concretizar (admitindo que a outra empresa não modifica o seu comportamento).

A empresa que desvia maximiza

$$\max_{q_i} \pi_i = (58 - \frac{q_i + q_j}{100} - c_i)q_i \qquad (4.3.1)$$

Resolvendo a condição de primeira ordem respectiva, obtém-se a função de reacção da empresa i

$$q_i^* = (58 - c_i)50 - \frac{1}{2}q_j \qquad (4.3.2)$$

Na tabela seguinte, apresenta-se os valores óptimos de desvio para cada empresa, dada a quantidade da outra empresa:

q_j	q_i^*	P^*	π_i^*
1200	1800	28.0	32 400
1300	1750	27.5	30 625
1500	1650	26.5	27 225

Para recomendar uma quantidade a ser praticada por este cartel, é necessário averiguar se ele é estável ou não para cada uma das quantidades propostas. De outro modo, a quantidade $q = 2\,400$ seria sempre a melhor escolha do cartel. Note-se, contudo, que o ganho de desviar é também maior nesse caso.

Vejamos então qual é o lucro esperado para cada uma das empresas para cada quantidade proposta e nas duas situações possíveis (fidelidade ao cartel ou "furar" o cartel).

A análise cinge-se a uma das empresas, pois tudo se passa de modo simétrico para a outra empresa. O lucro esperado de furar o cartel é dado pela probabilidade de não se ser detectado multiplicada pelo lucro em caso de desvio ao acordo. No caso de ser detectado o desvio, o lucro é nulo (a guerra de preços resultante implica preço igual a custo marginal).

Q	π^e (fiel)	π^e (furar)	escolha
2400	28 800	29 160.0	furar o cartel
2600	28 600	27 562.5	não furar o cartel
3000	27 000	24 502.5	não furar o cartel

Capítulo 4. Poder de mercado 55

A quantidade recomendada é então $Q = 2600$. Se fosse fixada a quantidade $Q = 2400$, as empresas teriam interesse em furar o cartel.

■ **4.4*** A elasticidade da procura de viagens ao estrangeiro por residentes americanos durante os anos 60 foi estimada em aproximadamente -4. Suponhamos para já que esta é também a elasticidade da procura de viagens aéreas entre Nova Iorque e Londres. Durante os anos 60, as tarifas nesta rota eram fixadas pelo cartel da IATA. A IATA inclui todas as companhias que operam no Atlântico Norte, excepto a Icelandic. A tarifa económica, a meio dos anos 60, era de $500 (ida e volta).

a) Determine a receita marginal na rota Nova Iorque – Londres.

b) Theodore Keeler estimou que o custo marginal de transportar um passageiro na rota Nova Iorque – São Francisco (5/6 da distância Nova Iorque – Londres) é de $85 (ida). Indique se esta informação é consistente com a hipótese de que a IATA maximiza os lucros dos seus membros. Justifique, indicando também possíveis explicações para a disparidade dos resultados.

c) Suponha que a IATA fixa de facto tarifas que maximizam os lucros das suas associadas. Suponha também que dez companhias partilham com quotas iguais o mercado Nova Iorque – Londres. Qual a receita marginal para cada uma destas companhias tomada individualmente? Como explica o problema da instabilidade dos cartéis?

(Exercício adaptado de um exercício elaborado por Jeremy Bulow.)

Resolução:

a) O primeiro passo consiste em determinar a receita marginal.

A receita total é:
$$R = P(Q)Q \qquad (4.4.1)$$
A receita marginal é então:
$$Rmg = \frac{\partial R}{\partial Q} = P + \frac{\partial P}{\partial Q}Q = P\left(1 + \frac{\partial P}{\partial Q}\frac{Q}{P}\right) \qquad (4.4.2)$$
Definindo a elasticidade procura preço como
$$\varepsilon = -\frac{\partial Q}{\partial P}\frac{P}{Q} \qquad (4.4.3)$$
vem
$$Rmg = P\left(1 - \frac{1}{\varepsilon}\right) \qquad (4.4.4)$$
A receita marginal é dada por
$$Rmg = P(1 - 1/\varepsilon) = 500(1 - 1/4) = \$375 \qquad (4.4.5)$$

b) Sendo o custo marginal inferior à receita marginal, a IATA não está a maximizar o lucro dos seus membros.

Várias explicações podem ser apontadas:

(i) Não se conhece o modo de cálculo do custo marginal;

(ii) Podem existir limites ao número de aviões que podem aterrar em Londres, o que actua como uma restrição de capacidade. Assim, para o número de vôos permitidos, consegue-se o número de passageiros máximo a transportar, determinando então o preço que equilibra o mercado, e que poderá estar bastante acima do custo marginal.

c) Para cada empresa, verifica-se que
$$Rmg_i = P(1 - s_i/\varepsilon) \qquad (4.4.6)$$
Substituindo os valores, obtém-se $Rmg_i = 487.5$.

Capítulo 4. Poder de mercado

Neste caso, a receita marginal continua bastante acima do custo marginal. Como tal, cada empresa terá interesse em aumentar a sua produção. De um modo mais geral, a receita marginal de cada empresa tomada individualmente será superior à receita marginal do grupo considerado como um único bloco, pelo que no ponto de equilíbrio de cartel, cada empresa tem interesse individual em furar o acordo e aumentar a sua produção, pois nesse ponto a sua receita marginal é superior ao custo marginal.

■ **4.5** Segundo Carlton e Perloff, podem ser consideradas quatro teorias sobre o comportamento da OPEP: (i) A OPEP é um cartel que maximiza o lucro; (ii) A Arábia Saudita é uma empresa dominante; (iii) A OPEP procura objectivos diferentes da maximização do lucro; (iv) O mercado do petróleo é competitivo. Apresente argumentos em defesa de uma destas teorias[1].

Resolução:

A OPEP tem sido frequentemente apontada como o exemplo de um cartel bem sucedido, o que corresponde à primeira teoria. Esta teoria baseia-se no facto de a OPEP ter sido capaz de manter um preço elevado no mercado do crude, através do controlo da produção. Esta capacidade de estabelecer preços elevados tem sido quebrada, de vez em quando, pela tentação de cada país em produzir mais do que a sua quota. Contudo, segundo quem defende esta teoria, a organização tem sempre demonstrado que é capaz de retomar o preço elevado.

Esta descrição é razoavelmente precisa para o que se passou nos anos setenta, com dois episódios de forte subida de preços. Porém, é posta em causa pela tendência decrescente dos preços que se verificou na última década. A evolução mais recente dos preços

---

[1]Cfr. Dennis W. Carlton e Jeffrey M. Perloff, *Modern Industrial Organization*, Londres: Scott, Foresman, 1990, (Apêndice 9B).

sugere que se houve cartel, este perdurou apenas durante os anos 70.

Para uma descrição mais detalhada da evolução da OPEP e do suporte das várias teorias, ver Dennis W. Carlton e Jeffrey M. Perloff, *Modern Industrial Organization*, 2.ª edição, Londres: Scott, Foresman, 1994, Appendix 6B.

■ **4.6** Comente o seguinte texto, adaptado de *The Economist*, 11 de Novembro de 1989.

A indústria química tem uma longa história de comportamento não competitivo. Nos anos 20, as grandes empresas fizeram um acordo de divisão de mercados: a Imperial Chemical Industries (ICI) ficou com a Grã-Bretanha e o resto do império inglês, as companhias alemãs com o mercado da Europa central, e a Du Pont com os EUA e o resto do Mundo. Estes acordos deveriam ter acabado há muitos anos, quando passaram a ser considerados ilegais. No entanto, velhos hábitos custam a desaparecer...

A reputação de comportamento anti-concorrencial nesta indústria é reforçada pela existência de três encontros anuais entre representantes das empresas (um para dirigentes, um para vendedores, e um para estrategas de *marketing*).

Actualmente, fala-se de que a Comissão Europeia irá abrir um processo contra a ICI, a Solvay e outros "gigantes" do sector europeu das químicas, alegando que as empresas estariam a cartelizar o mercado de um determinado produto químico utilizado no fabrico de vidro.

Em sua defesa, os industriais chamam a atenção para o facto de cada produto ser vendido por um número muito grande de empresas e de os seis maiores produtores nunca deterem mais de 45% do mercado. Os membros da Comissão respondem que este facto não exclui necessariamente a possibilidade de conluio. Por outro lado, os industriais afirmam que há mudanças na economia que são transmitidas através de mudanças nos preços, o que implica que os preços não foram artificialmente subidos.

Resolução:

A realização de encontros ajuda a alcançar acordos e a verificar o seu cumprimento. A divisão de mercados é uma forma de sustentar acordos de conluio, sendo facilmente vísiveis desvios ao acordo, mesmo que tácito.

O facto de haver grande número de empresas pode não ser incompatível com conluio, podendo as pequenas empresas abrigar-se no "guarda-chuva"de preços das empresas maiores.

A capacidade de sustentar preços elevados está directamente relacionada com a estabilidade do acordo, e esta depende fundamentalmente dos ganhos em desviar e das possibilidades de descoberta de desvios ao acordo de cartel.

Existem então diversos factores que devem ser considerados. O ganho de "furar"um eventual cartel é tanto maior quanto maior for a fracção de mercado que domina. Por outro lado, é evidente que é mais díficil fazer aumentar o preço num mercado quando o cartel domina uma fracção relativamente pequena do mercado. Nestas circunstâncias, uma redução da produção como forma de fazer subir o preço é tanto menos efectiva quanto menor for a fracção de mercado dominada, pois as outras empresas responderão com uma expansão da sua produção.

Finalmente, um factor determinante para a estabilidade do cartel é a probabilidade de detecção de desvios, e esta será tanto menor quanto menor for a fracção de mercado dominada pelo cartel se apenas a quantidade total no mercado, ou o preço de mercado, for observável, pois com várias empresas fora do acordo de cartel, um aumento da produção global tanto pode ter sido provocado por empresas exteriores ao cartel como por desvios de empresas pertencentes ao cartel[2].

■ **4.7*** Num mundo em que proliferam sistemas operativos incompatíveis, o aparecimento da *Open Software Foundation* (OSF), cujo objectivo principal é o estabelecimento de uma versão estandardizada do sistema operativo *Unix*, foi aplaudido por muitos. No entanto, não falta quem veja nesta associação (que inclui a IBM, a Digital e a Hewlett-Packard, entre outras empresas), uma ameaça à competitividade do mercado de *software* (*The Economist*, 5 de Maio de 1990). Como regulamentador da indústria, preocupado com a eficiência económica do sector, quais lhe parecem ser os principais conflitos existentes?

Resolução:

Existe um conflito fundamental na análise da eficiência económica do sector. Por um lado, a estandardização do sistema operativo tem claras vantagens em termos de eficiência económica.

Exemplos de várias vantagens que podem ser apontadas à estandardização são o aproveitamento de eventuais externalidades de rede, o estímulo de diversidade de produtos complementares e a possibilidade de a produção de um produto *standard* conseguir menores custos.

Em produtos ou serviços em que existem externalidades de rede, significando que a valorização de um consumidor é maior quando os outros consumidores compram um produto idêntico ou compatível, a existência de um *standard* assegura a sua exploração.

Mesmo sem externalidades de rede, existem vantagens de estandardização: por exemplo, se os consumidores retirarem satisfação

---

[2]Para aprofundamento do tema, veja-se Jean Tirole, *Theory of Industrial Organization*, Cambridge, MA: The MIT Press, 1988.

Capítulo 4. Poder de mercado 61

do produto e da variedade de produtos complementares disponíveis (*software* para determinado sistema operativo, filmes em vídeo, etc...).

Por outro lado, a associação de empresas poderá levar a uma menor concorrência no mercado. A menor concorrência no mercado implicará, em geral, um maior exercício de poder de mercado: preço do produto mais elevado, menor quantidade produzida.

■ **4.8** Quando o mercado único se tornar um facto, todos os cidadãos da CEE terão o direito de trabalhar em qualquer país da Comunidade. Isto tem preocupado muito os clubes de futebol que pensam que os clubes ricos em Itália e Espanha irão capturar os melhores jogadores. A Juventus, por exemplo, pagou três milhões de libras pelo galês Ian Rush, em 1986.

Numa tentativa de satisfazer aqueles que não gostariam que isto acontecesse,
a UEFA decidiu que nenhum clube que jogue em competições europeias poderá alinhar com mais de quatro jogadores estrangeiros. (cfr. *The Economist*, 7 de Maio de 1988).

a) Quem são os principais beneficiados com a decisão da UEFA, e porquê? Concretamente, qual pensa que seja a posição dos grandes clubes italianos com respeito a esta medida?

b) Como comissário da CEE, qual seria a sua reacção à medida proposta? E como presidente de um grande clube italiano? Justifique.

Resolução:

a) Os principais beneficiados com esta medida são os clubes de futebol, pois ganham poder de negociação face aos jogadores. Os clubes italianos são os grandes beneficiados, pois, como pagam mais do que os restantes clubes, continuam a obter os melhores jogadores. Mas como só podem obter no máximo quatro jogadores, a concorrência entre si para a obtenção dos melhores jogadores é menor do que se não existisse tal limite. Estes clubes devem ser a favor da medida da UEFA.

b) Como comissário para a concorrência, por exemplo, a primeira reacção seria de oposição à restrição à mobilidade dos trabalhadores (neste caso, jogadores de futebol). Pelas razões acima apresentadas, o presidente de um grande clube italiano deve ser favorável à medida proposta.

■ **4.9** "Determinações do Banco de Portugal [...] obrigam a que em cada agência estejam afixadas as condições que cada instituição bancária pratica nas operações e serviços prestados aos clientes" (*Diário Económico*, 1 de Setembro de 1992). Comente, indicando, nomeadamente, o impacte desta medida no bem-estar dos consumidores.

Resolução:

A afixação das condições (nomeadamente preços) de operações e serviços tem dois efeitos de sinal contraditório sobre o bem-estar dos consumidores. Por um lado, pode facilitar-se aos consumidores uma escolha mais informada, o que tem um efeito positivo.

Por outro lado, a divulgação desta informação também poderia permitir aos bancos fazerem uma supervisão mais fácil de acordos anti-concorrenciais, o que claramente tem um efeito negativo no bem-estar dos consumidores.

Dadas as características do sector bancário, o efeito negativo será menos importante no lado do crédito, em que a prática de taxas de juro com algum desconto (não anunciado previamente) poderá manter as condições para concorrência efectiva, tendo como limite superior as taxas anunciadas.

Por outro lado, do ponto de vista do consumidor, há uma informação mínima sobre cada pagamento que permite uma escolha mais informada por parte dos consumidores.

■ **4.10** Os sectores portugueses de têxteis, vestuário e calçado caracte-
rizam-se por (i) concentração relativamente baixa (o valor de $C4$ encontra-se entre 10 e 20%); (ii) elevadas taxas de exportação (cerca de metade da produção é exportada); (iii) poder de mercado significativo por parte da procura (grandes distribuidores internacionais).

Com base numa estimação econométrica com dados seccionais de 380 empresas (um número que representa metade das vendas totais dos referidos sectores), estima-se que empresas com 1% mais de quota de mercado praticam uma margem 0.7% superior (aproximadamente)[3]. Como explica estes resultados, em geral e tendo em conta as especificidades deste sector?

Resolução:

O efeito em causa pode dever-se apenas ao facto de as empresas mais eficientes terem uma maior quota de mercado e para o mesmo preço usufruirem de uma margem preço-custo mais elevada.

Este efeito é observado, por exemplo, num modelo de oligopólio de Cournot, com produto homogéneo. Adaptando os modelos algébricos desenvolvidos nos exercícios anteriores, não oferece grande dificuldade obter esta implicação.

Na verdade, há todo um debate sobre se margens superiores são resultado de maior eficiência ou de maior exercício de poder de

---

[3] Alberto Castro e António Brandão, "Does Firm Market Share Matter in Open Competitive Industries? The Case of the Portuguese Textile, Clothing and Footwear Industries", apresentado na 17.ª Conferência Anual da EARIE, Lisboa, Setembro 1990.

mercado[4].

Outras explicações possíveis (cumulativas à anterior) são uma maior capacidade de negociação das empresas com quota de mercado mais significativa, uma melhor exploração de imagem de marca e de diferenciação de produto por parte destas empresas, etc...

■ **4.11** Com base em dados mensais do sector bancário português, foi estimada a seguinte relação econométrica[5]:

$$C_t = 0.098 + 0.814 M_t,$$

onde C_t é a taxa de juro da carteira comercial para o conjunto do sistema bancário e M_t a taxa de juro do mercado monetário interbancário. O rácio t correspondente à estimativa do segundo coeficiente é de 9.272. Sabendo que a taxa de juro do mercado monetário interbancário se encontra correlacionada com o custo marginal de fornecer fundos, que pode dizer sobre o grau de poder de mercado neste sector?

Resolução:

A taxa de juro do mercado monetário interbancário (MMI) corresponde ao custo de oportunidade da concessão de crédito. Isto é, se o banco decidisse não conceder crédito poderia aplicar o dinheiro no MMI à correspondente taxa de juro.

---

[4]Veja-se, a este respeito, o trabalho seminal de Harold Demsetz, "Industry Structure, Market Rivalry, and Public Policy", *Journal of Law and Economics*, **16**: 1–9, 1973, e F. M. Scherer e David Ross, *Industrial Market Structure and Economic Performance*, Houghton Mifflin, 1990, capítulo 11.

[5]Margarida Catalão Lopes, "Poder de Mercado, com Uma Aplicação ao Mercado de Crédito Português", Tese de Mestrado, Universidade Nova de Lisboa, 1993.

Capítulo 4. Poder de mercado

Neste sentido, a taxa do MMI encontra-se intimamente ligada ao custo marginal de concessão de crédito. Pode mesmo ser considerado como tal, admitindo que os custos de recursos reais são negligenciáveis.

Nestas condições, e se fosse considerada uma relação de *mark-up*

$$C_t = \theta M_t + \alpha \qquad (4.11.1)$$

(resultante, por exemplo, de um modelo com elasticidades procura preço constantes), mais um resíduo de média não nula, capturada pela constante α, então $\theta > 1$ para a interpretação dos resultados fazer sentido. Como na estimação vem $\theta = 0.814$, este modelo teórico não é compatível com os resultados empíricos.

Considerando em alternativa um modelo de Cournot linear:

$$r = a - bQ \qquad (4.11.2)$$

e o lucro de uma empresa representativa:

$$\Pi = (a - bQ - MMI)q_i \qquad (4.11.3)$$

a resolução deste modelo origina

$$q_i = \frac{a - MMI}{b(n+1)} \qquad Q = \frac{n}{n+1}\frac{a - MMI}{b} \qquad (4.11.4)$$

e a solução para a taxa de juro de equilíbrio de mercado é:

$$r = a + \frac{n}{n+1}MMI \qquad (4.11.5)$$

que tem uma expressão semelhante ao da relação estimada, com o coeficiente da taxa de juro do MMI inferior à unidade.

Tome-se agora que a condição de primeira ordem não é respeitada em igualdade, podendo reflectir um comportamento diferente do de equilíbrio de Cournot.

Relembrando os valores críticos[6], o caso de monopólio é obtido para $\theta = 1/2$, a solução de Cournot para $\theta = n/(n+1)$ e o resultado de concorrência perfeita para $\theta = 1$. Como o valor de θ estimado é 0.814 pode eliminar-se, se aceitarmos o modelo linear como uma razoável descrição da realidade, os casos de concorrência perfeita e de monopólio.

Resta como hipótese a possibilidade de o parâmetro estimado corresponder a um equilíbrio de Cournot. Admita-se que este é o caso. Podemos então inferir que $n^* = 0.814/0.186 = 4.37$. Como o "número equivalente de empresas"simétricas no sector bancário é superior[7], o valor de θ deveria ser inferior ao obtido.

A inferência a retirar é a de que se verificou um caso intermédio entre equilíbrio de monopólio e equilíbrio de Cournot.

---

[6]Luís Cabral, *Economia Industrial*, Quadro 4.4 (p.80).
[7]Calculado como o inverso do índice de Herfindahl.

Capítulo 5

Barreiras à entrada

■ **5.1** Considere os seguintes custos:

- Campanha publicitária de lançamento de um novo chocolate;
- Instalações de uma dependência bancária;
- Iluminação de uma fábrica de cimento;
- Energia eléctrica utilizada por uma máquina;
- Petróleo bruto utilizado numa refinaria.

Classifique-os em custos irreversíveis, custos fixos, e custos variáveis.

Resolução:

Uma noção de custo irreversível é a de custo fixo de longo prazo. Isto é, é um custo que é independente da escala de produção (custo fixo) e que se encontra afecto a um uso, sendo demasiado custoso deslocá-lo para um uso alternativo num prazo temporal curto (por exemplo, para um mercado de secundário de venda desse activo, supondo que este exista ou, dito de outro modo, devido à especificidade do activo relativamente à empresa, o seu valor em usos alternativos é nulo ou negligenciável). Custo fixo é um custo independente do volume de produção. Nalguns casos, a classificação entre custos fixo e variável dependerá do período temporal que se queira analisar. Por exemplo, se os contratos de trabalho forem anuais, mas a análise estiver a ser feita numa base trimestral, então, para um dado trimestre, os custos de trabalho podem ser considerados como custos fixos, enquanto que, se encararmos a actividade anual da empresa, podem ser classificados como custo variável.

A classificação dos diversos casos é então: (i) campanha de um novo chocolate – custo irreversível. Uma vez realizada a campanha, não é possível dar-lhe um uso alternativo; (ii) instalações de uma dependência bancária – é um custo fixo de curto prazo. As instalações podem ser vendidas num prazo relativamente curto ou o contrato de arrendamento pode não ser renovado, o valor não depende do nível de actividade da agência; (iii) iluminação de uma fábrica de cimento – se for iluminação permanente, por exemplo, por razões de segurança é um custo fixo; se for iluminação associada a turnos de trabalho é um custo variável, já que dependerá da escala de produção; (iv) energia eléctrica usada por uma máquina – custo variável, pois depende da intensidade de laboração de equipamento; (v) petróleo bruto usado numa refinaria – custo variável. Claramente, este item só varia com a escala de actividade da refinaria.

■ **5.2** No *Semanário* de 24 Fevereiro 1990 apresentavam-se os dados relativos às vinte maiores empresas de construção civil em Portugal em 1988 (cfr. Quadro 5.1). Pensa que se verificam economias de escala no sector? Justifique.

Tabela 5.1: Construção civil em Portugal em 1988

	Empresa	Vol. Neg.	Res. Líq.
1	Soares da Costa	27 308	702
2	Teixeira Duarte	15 871	2478
3	Construções Técnicas	13 024	204
4	Mota C	9617	1323
5	Engil	8153	207
6	Somague	7349	353
7	A. Silva & Silva	7215	169
8	Edifer	7088	106
9	Amadeu Gaudêncio	7088	106
10	Constr. do Tâmega	6966	568
11	Somec	5390	141
12	Severo Carvalho	5384	56
13	Constr. Abrantina	5241	30
14	Constr. ERG	4712	32
15	H. Hagen	4441	(81)
16	Alves Ribeiro (1987)	3526	968
17	Moniz Maia-Emp.	3251	31
18	Carlos E. Rodr.	2785	(30)
19	OPCA	2577	78
20	Turcopol	2320	5

Resolução: Se existirem economias de escala significativas, as empresas maiores deverão exibir uma taxa de lucro maior (medida por um maior índice de Lerner). Tomando o rácio resultados líquidos sobre volume de negócios como uma aproximação, construiu-se a tabela seguinte.

Empresa	Índice de Lerner (%)
1	2.50
2	15.61
3	1.56
4	13.76
5	2.54
6	4.80
7	2.34
8	1.50
9	*
10	8.15
11	2.61
12	1.04
13	0.60
14	0.70
15	-1.82
16	27.45
17	0.95
18	-1.08
19	3.03
20	0.22

Na tabela observa-se que há uma grande diversidade de valores. A existirem economias de escala, estas não são muito pronunciadas. Não existe uma relação clara e positiva entre dimensão e lucros. Uma outra implicação testável da hipótese de economias de escala significativas é a incapacidade de sobrevivência de empresas muito pequenas, já que a desvantagem de custos que teriam na presença de economias de escala tornaria inviável a sua sobrevivência no mercado. Se fizessemos uma análise em termos de quota de mercado, existe um número considerável de empresas (metade da amostra) com quota de mercado inferior a 5%, corroborando a ideia de ausência de economias de escala significativas.

■ **5.3** Considere os dados sobre o sector de vidro de embalagem apresentados no exercício 3.13. Sobre este sector, afirmou-se recentemente que "a necessidade de reestruturação do sector não oferece dúvidas. Há cinco empresas a fazer a mesma coisa, mas de costas viradas umas para as outras. Bastava um acordo de planificação para ir buscar economias de escala." (*Semanário Económico*, 22 de Janeiro de 1993). Comente.

Resolução:

De acordo com os dados disponíveis, as empresas com maior número de trabalhadores não são as que apresentam maior produção ou melhores resultados, pelo que parece abusivo falar em grandes economias de escala a serem recolhidas. Um acordo de planificação permitiria, isso sim, organizar um cartel no sector, o que naturalmente levaria a melhores resultados para todas as empresas por via de preços superiores nos produtos.

■ **5.4** Tendo em atenção as capacidades de produção de vidro plano na Europa constantes do Quadro 5.2.

Quadro 5.2: Capacidades de produção de vidro plano (ton/dia)

1979		1980	
Empresa	quota	Empresa	quota
PPG	3	Turkey Size	4
SIV	5	Guardian	6
Pilkington	16	Asahi	10
BSN	33	PPG	12
St. Gobain	43	SIVB	4
		Pilkington	27
		St. Gobain	37
Total	**12 600**	**Total**	**15 300**

a) Que pode dizer sobre a evolução da concentração, neste mercado, na Europa?

b) Que pensa sobre o peso das economias de escala neste ramo? (Exercício elaborado por J. Amado da Silva.)

Resolução:

a) No que respeita à concentração, calculou-se os índices C_4, H e "número equivalente de empresas", que são apresentados na tabela seguinte.

Concentração	1979	1980
C_4	97 %	86 %
H	0.3228	0.2410
"número equivalente"	3	4.15

Capítulo 5. Barreiras à entrada

Da análise dos vários indicadores, é possível dizer que a concentração diminuiu de 1979 para 1980. No entanto, em termos absolutos o mercado continua a ser muito concentrado. Mas pode fazer-se uma crítica a esta análise: as quotas estão expressas em termos de capacidade e a análise de concentração depende da capacidade de produção utilizada.

Só se a utilização da capacidade instalada for igual entre as diferentes empresas é que a análise da concentração da capacidade fornece uma visão correcta da concentração em termos de produção. A utilização da capacidade instalada é uma aproximação à medida ideal, que seria a utilização da capacidade instalada.

b) Repare-se que, em 1980, duas empresas pequenas entraram no mercado: a Turkey Size com 612 toneladas/dia e a Guardian com 918 toneladas/dia. Só por si este factor poderia não dizer muito, caso as empresas fossem forçadas a sair do mercado ao fim de pouco tempo. Acresce que, além deste movimento de entrada, uma pequena empresa, a SIV, sobreviveu no mercado com uma escala relativamente pequena: 630 toneladas/dia em 1979 e 612 toneladas/dia em 1980.

O peso das economias de escala não deve ser espectacular neste mercado.
É possível uma pequena empresa entrar no mercado e manter-se com uma escala de produção baixa.

Por outro lado, não temos qualquer informação sobre a rendibilidade das empresas. Poderia dar-se o caso de as economias de escala serem de facto significativas nesta indústria mas os preços das grandes empresas permitirem ainda assim a sobrevivência das pequenas empresas. O desencadear de uma guerra de preços para expulsar as pequenas empresas do mercado não se justificaria, pela reduzida quota de mercado detida por essas empresas.

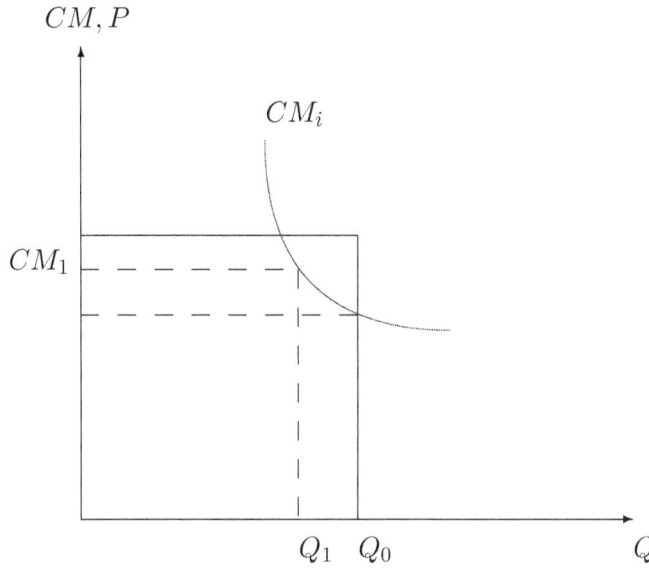

Por exemplo, na figura, uma empresa que produza Q_0 pode fixar um preço P_0 tal que uma empresa que produza Q_1 (com um custo médio substancialmente mais elevado) ainda se consegue manter no mercado e ter lucro económico positivo.

■ **5.5** Com base num estudo da Ludwigsen Associates Limited, encomendado pela Comissão das Comunidades Europeias, obteve-se os valores relativos aos custos típicos de produção automóvel (unitários, em ECU) constantes do Quadro 5.3.

Quadro 5.3: Custos de produção

Segmento	Exemplo	C. Fixo	C. Var.
Pequeno	R 5	1170	2080
Médio/grande	Peugeot 405	1960	5215
Grande	R 25	2370	7730

Capítulo 5. Barreiras à entrada

a) Supondo que a função custos é do tipo $C = F + cq$, determine o grau de economias de escala (q) em cada segmento.

b) Prevê-se que, como resultado do processo de integração das economias europeias, o nível de produção médio de cada linha de montagem aumente significativamente. Concretamente, o Quadro 5.4 apresenta as estimativas dos valores do volume de produção típico, por linha de montagem, para cada segmento (milhares unidades/ano).

Quadro 5.4: Volume de produção

Segmento	1985	1992
Pequeno	110	160
Médio/grande	315	380
Grande	140	220

Calcule a redução no custo unitário entre 1985 e 1992, em cada segmento. Comente.

Mostre que a elasticidade do custo médio em relação à escala de produção é dada por $\eta \equiv 1/\theta - 1$, em que θ é a elasticidade de escala. Recalcule os valores da alínea b) com base na fórmula $(q'/q-1)\eta$, em que q e q' são dados pelo quadro anterior. Comente.

Resolução:

O grau de economias de escala é definido por $q = f(\lambda x) = \lambda^\theta f(x)$ e também pode ser escrito como $\theta =$ custo médio/custo marginal. Admitindo a hipótese de custo marginal constante e uma função custos do tipo $C = F + cq_i$, vem então a expressão $\theta = 1 +$ custo fixo/custo variável. Note-se que esta função custos coloca de parte a hipótese de deseconomias de escala ($\lambda < 1$) e a hipótese de rendimentos constantes à escala ($\lambda = 1$) só se verifica na ausência de custos fixos, uma situação pouco razoável. Há, assim, que usar algum bom-senso na interpretação dos resultados.

segmento	θ
pequeno	1.56
médio	1.38
grande	1.31

Tomando os valores do Quadro 5.4 respeitantes a 1985,

custo variável unitário	custo total unitário (1985)	custo total unitário (1992)	Δ %
18.9	29.55	26.21	−11.3
16.55	22.78	21.70	−4.7
55.21	72.14	65.98	−8.5

A elasticidade do custo total em ordem ao nível de produção é dada por $1/\theta$
e o efeito sobre o custo unitário é:

$$d(C/q) = \left(\frac{\partial C}{\partial q}\frac{1}{q} - \frac{C}{q^2}\right) dq$$

$$\frac{d(C/q)}{C/q} = \left(\frac{1}{\theta} - 1\right)\frac{dq}{q}$$

E a partir daqui podemos calcular:

segmento	$\frac{1}{\theta} - 1$	dq/q	$\frac{d(C/q)}{C/q}$
pequeno	−0.36	45.5%	−16.4%
médio	−0.28	20.6%	−5.8%
grande	−0.24	57.1%	−13.7%

Os valores calculados pela fórmula são inferiores, o que é reflexo de esta última ser válida para variações pequenas, o que não é propriamente o caso das alterações de produção consideradas. Os efeitos de segunda ordem, tradicionalmente assumidos como sendo reduzidos, são aqui não dispiciendos.

Capítulo 5. Barreiras à entrada

■ **5.6** Num trabalho sobre a indústria das cervejas em Portugal, afirmava-se que a escala óptima era de 100 000 hl/ano. Afirmava-se, ainda, que uma empresa com uma escala de 1/3 EOM veria os seus custos agravados em 15%.

a) Sabendo que o consumo de cerveja *per capita*, em Portugal, em 1985, andou pelos 38 litros, acha que, em princípio, a EOM funciona como uma barreira à entrada?

b) Nesse mesmo estudo, também se afirmava que o custo do investimento numa unidade de produção de cerveja de 15 milhões de litros/ano é de 1 100 000 000 esc./ano. Uma unidade com o dobro da produção exigirá 400 a 500 mil contos de investimentos adicionais. Está esta afirmação em consonância com a que introduz este problema?

(Exercício elaborado por J. Amado da Silva.)

Resolução:

Tome-se como definição de escala óptima mínima o mínimo da curva de custos médios. Se a escala óptima mínima corresponder a uma parte considerável do mercado, pode constituir uma barreira à entrada. O consumo *per capita* de cerveja é de 38 litros. Para uma população de cerca de 10 milhões de habitantes, o consumo total no mercado é de aproximadamente 380×10^6 litros. A escala óptima mínima é cerca de 1/38 do mercado. Cerca de 38 empresas poderiam instalar a escala óptima mínima.

a) Se as empresas funcionassem com a capacidade igual a um terço da escala óptima mínima, então o número de empresas que o mercado suportaria seria superior a 100 empresas. A escala óptima mínima não é uma fracção apreciável do mercado e não será de esperar que constitua uma barreira à entrada.

b) Os valores indicados sugerem que existem economias de escala no investimento. Estes valores constituem custos de instalação, enquanto os valores referidos inicialmente são custos de exploração. Para poder usufruir das vantagens de dimensão detectadas na alínea anterior, é necessário instalar primeiro a capacidade. Existem aqui consideráveis economias de escala nesse processo de instalação de capacidade. Contudo, relativamente aos valores de dimensão do mercado, estes parecem justificar a noção de que muitas empresas poderão laborar neste mercado, actuando com a escala óptima mínima.

■ **5.7** São conhecidos alguns pontos da curva de custos totais médios de longo prazo para uma indústria e são eles:

quantidade (ton)	100	150	200	300	400	500
CTM (contos/ton)	300	250	220	200	190	188

A curva de procura anual é dada por $p = 300 - 0.2q$ com p em contos e q em toneladas/ano. Existe uma empresa no mercado com uma capacidade de 200 toneladas/ano.

a) Que tem a dizer sobre a escala óptima mínima nesta indústria e neste mercado?

b) A empresa tem hipótese de se opor à entrada de um candidato a vender nesse mercado?
(Exercício elaborado por J. Amado da Silva.)

Resolução:

a) Note-se que, para efeitos práticos, teremos custos médios constantes à volta das 400 toneladas/ano. Funcionar a metade da escala óptima mínima implica apenas um acréscimo de 15.8 % no custo médio.

b) Se a empresa usar o máximo da sua capacidade, então $q = 200$ e $p = 260$. A utilização do máximo da capacidade corresponde ao esforço máximo que a empresa já presente no mercado pode realizar para tornar a entrada no mercado não lucrativa (e assim impedir essa entrada em primeiro lugar). A procura residual para qualquer empresa que entre no mercado (admitindo que a empresa instalada venderá sempre toda a sua produção) é $p = 260 - 0.2q_2$. No quadro seguinte apresenta-se para cada quantidade da empresa entrante o preço e o custo médio respectivos.

q_e	100	150	200	300	400
Custo médio	300	250	220	200	190
P	240	230	220	200	180
Q_T	300	350	400	500	600

Se a empresa instalada usar a sua capacidade no máximo, no limite a empresa candidata a entrar poderia fazê-lo com lucros nulos a uma capacidade de 300. Para uma capacidade da empresa entrante inferior a este valor, a não-exploração de economias de escala implica que o custo total médio seja superior ao preço de equilíbrio de mercado. Na medida em que a empresa instalada não deixa oportunidades de lucro estritamente positivas à empresa candidata, pode dizer-se que a empresa instalada bloqueia a entrada se produzir no máximo da sua capacidade. A empresa instalada tem assim capacidade para se opor à entrada. Não quer dizer que seja óptimo fazê-lo.

■ **5.8*** Considere a seguinte função produção: $C = F + q^2$, onde q é a quantidade produzida. Determine o intervalo de valores de q para os quais se verificam economias de escala e o intervalo de valores para os quais a função custos é subaditiva. Confirme que as economias de escala são condição necessária mas não suficiente para que a função custos seja subaditiva.

Resolução:

Nota: há um engano na última frase, que deve ser lida como "Confirme que as economias de escala são condição suficiente mas não necessária para que a função custos seja subaditiva."

Verificam-se economias de escala se $\varepsilon_{CQ} < 1$, ou seja, se

$$\varepsilon_{CQ} = \frac{\partial C}{\partial Q}\frac{Q}{C} = \frac{2q^2}{F+q^2} < 1 \quad \text{ou} \quad q < \sqrt{F} \qquad (5.8.1)$$

Considerando o desdobramento em duas empresas produzindo igual quantidade, verifica-se subaditividade se

$$F + q^2 < F + (q/2)^2 + F + (q/2)^2 \to q < \sqrt{2F} \qquad (5.8.2)$$

A condição sobre q para que se verifiquem economias de escala é mais restritiva do que a condição para que se verifique subaditividade da função custos, pelo que se confirma a última frase do texto (modificada de acordo com a nota inicial na resolução deste exercício), isto é, verifica-se que a subaditividade é possível sem que existam economias de escala.

■ **5.9*** A função custos de certa empresa de telecomunicações é dada por

$$C(q_1, q_2) = \alpha_1 q_1 + \alpha_2 q_2 + \beta(q_1, q_2)^2 - \gamma q_1 q_2$$

onde q_1 e q_2 são os índices de tráfico local e interurbano, respectivamente. Derive as condições necessárias e suficientes para que se verifiquem economias de gama.

Resolução:

Existem economias de gama se $C(q_1, q_2) < C(q_1, 0) + C(0, q_2)$. Aplicando esta condição aos valores da função custos proposta, origina: $q_1 q_2 (2\beta - \gamma) < 0$. Admitindo que ambas as produções são positivas, vem $2\beta < \gamma$.

Capítulo 5. Barreiras à entrada 81

■ **5.10** Designa-se por *brand stretching* ou *umbrella branding* a estratégica de utilizar a reputação da marca de um determinado produto como "garantia" da qualidade de um novo produto lançado pela mesma empresa. Por exemplo, a *Bic*, inicialmente apenas uma marca de canetas esferográficas, foi utilizada como marca para o lançamento de uma nova linha de lâminas de barbear. Muitos outros exemplos de *brand stretching* encontram-se quando grandes figuras de vestuário de moda lançam no mercado novos perfumes com o seu nome.

O *Economist,* de 5 de Maio de 1990, descreve as vantagens e desvantagens da estratégia de *brand stretching.* Embora se encontrem muitos casos de sucesso, é também um facto que "a partir de certo ponto o elástico se parte." Por exemplo, diz-se que a introdução da nova cerveja *Miller Lite* destruiu a reputação do produto inicial da mesma marca, a cerveja (simplesmente) *Miller*. Como caracterizaria formalmente estas considerações? Especificamente: quais as características da função custos destas empresas?

Resolução:

Como as considerações se situam em termos de reputação dos produtos, a modelização deve ser realizada através das funções procura e da expectativa de qualidade por parte do consumidor. Em particular, no primeiro exemplo, as funções custos de cada um dos produtos podem ser tomadas como sendo independentes. Por exemplo, é díficil argumentar que existam economias de diversificação na produção de canetas esferográficas e de lâminas de barbear.

No caso das cervejas, as eventuais economias de diversificação existem (ou não) independentemente do nome que for atribuído à nova cerveja. Em termos de procura, no entanto, há uma elevada substituição entre as duas variedades de cerveja.

■ 5.11* Determinada empresa aeronáutica desenvolveu um novo avião de transporte de passageiros, preparando-se agora para a sua construção. Suponha que o horizonte temporal se divide em dois períodos. A empresa terá de produzir n aviões durante dois períodos; a produção em cada período é dada por $n_i (i = 1.2)$, pelo que $n_1 + n_2 = n$. Suponha ainda que podem ser utilizados um ou mais de m processos de montagem ($m > n$), embora apenas um por avião. O custo de cada processo de montagem pode ser elevado ($\bar{c}$) ou reduzido ($\underline{c}$). O custo inerente a cada processo é desconhecido, sabendo-se apenas que a probabilidade de ser reduzido é dada por π.

Procure modelizar a **curva de experiência** desta empresa, isto é, o custo esperado no segundo período em função da quantidade produzida durante o primeiro período. Sugestão: suponha que durante o primeiro período serão experimentados tantos processos de montagem quantos os aviões produzidos.

Resolução:

No primeiro período são utilizados n_1 processos de montagem, pelo que a probabilidade de descobrir pelo menos um processo de montagem de baixo custo é $1 - (1-\pi)^{n_1}$. Logo, o custo esperado de produzir um avião no segundo período é

$$\underline{c}(1 - (1-\pi)^{n_1}) + (1-\pi)^{n_1}[\underline{c}\pi + (1-\pi)\bar{c}] \qquad (5.11.1)$$

pois se for descoberto um processo de montagem de baixo custo no primeiro período, este será usado no segundo período. No caso de não ser descoberto, então no segundo período tenta-se novamente um processo, que tem probabilidade π de ter baixo custo. Este valor é inferior a $\pi\underline{c} + (1-\pi)\bar{c}$, que é o custo esperado por avião no primeiro período. A curva de experiência toma aqui o formato de menor custo esperado no segundo período, por se poder aproveitar os resultados do primeiro período se estes forem bons.

Capítulo 5. Barreiras à entrada

■ **5.12*** O consumo *per capita* de automóveis importados na Califórnia é quatro vezes superior ao do estado de Montana. Na Califórnia, a maioria das pessoas vive em grandes centros urbanos, enquanto que Montana é um estado de população predominantemente rural (pequenas cidades). Como explica a diferença no consumo de automóveis com base nas diferenças demográficas entre os dois estados?

(Exercício elaborado por T. Bresnahan.)

Resolução:

Vamos supor que só existe um vendedor em cada estado (situação de monopólio) e que o preço de importação de carros é idêntico em ambos os estados. Admitindo que o mercado é tal que cada consumidor só compra um carro, dada a concentração demográfica, a mesma área de atracção geográfica de um novo vendedor tem maior intensidade de procura na Califórnia do que em Montana. Isto motiva maior entrada na Califórnia, pois os lucros serão superiores. O aparecimento de novos vendedores leva a uma diminuição do preço no mercado, e a um consequente aumento do consumo. Como este efeito é maior no caso da Califórnia, é de esperar que o consumo de automóveis *per capita* na Califórnia seja superior ao do estado de Montana.

■ **5.13** Que diz o modelo da concorrência monopolística a respeito da diferenciação do produto como factor determinante da estrutura de mercado?

Resolução:

O modelo de concorrência monopolística diz que existirá entrada até que o lucro das empresas seja nulo. Devido à diferenciação do produto, cada empresa defronta uma curva de procura negativamente inclinada (isto é, o preço é determinado pela empresa) embora o impacte nas restantes empresas seja negligenciável. Não origina um resultado eficiente no sentido em que a empresa não produz no ponto mínimo da sua curva de custos médios. Quanto maior a diferenciação do produto, menos elástica é a curva da procura e maior será o desvio.

■ **5.14** A maioria dos produtos de memória para computadores (DRAM) encontra-se nos Estados Unidos e no Japão. Durante os anos 80, verificou-se uma crise na indústria e a maioria dos produtos americanos saiu do mercado. Mais tarde, à medida que a procura de memória voltou a crescer, quer os preços quer as vendas dos Japoneses voltaram a crescer também. Apresente duas teorias que expliquem esta evolução, utilizando os seus conhecimentos do sector na medida que achar conveniente. Uma das teorias deve ver os acontecimentos como positivos do ponto de vista da eficiência económica, a outra como negativos.
(Exercício elaborado por T. Bresnahan.)

Resolução:
Uma primeira interpretação é a de que a concorrência entre produtores seleccionou os mais eficientes. Com o aumento da procura, aliada à inovação registada, volta-se a poder acomodar mais empresas no mercado. Esta é uma explicação positiva do ponto de vista da eficiência económica. Por outro lado, a saída dos produtores americanos foi motivada por grande concorrência, tendo-se então perdido a experiência por eles acumulada na produção de memória para computadores. Com o aumento da procura e a re-entrada dos produtores americanos no mercado, os preços tiveram de ser mais elevados por os custos serem também mais elevados, pelo menos enquanto não se recuperaram as economias de experiência, entretanto perdidas. Este é um efeito negativo do ponto de vista da eficiência económica, pois no momento de saída das empresas americanas houve conhecimento relevante que se perdeu.

Capítulo 5. Barreiras à entrada

■ **5.15** Na Suíça, os serviços de distribuição de bens são dominados por cartéis altamente lucrativos. As autoridades suíças prevêem o colapso espontâneo da maioria dos cartéis à medida que os mercados nacionais forem sendo expostos à concorrência de importações, não havendo, por conseguinte, motivos para grandes preocupações. A OCDE, por seu turno, tem uma visão mais céptica: "O colapso de cartéis não leva necessariamente a mercados mais concorrenciais. De facto, um aumento da concentração é frequentemente observado como resultado do colapso de cartéis." Qual das duas posições lhe parece mais correcta? Justifique adequadamente a sua resposta, identificando claramente todos os elementos relevantes para a análise.

Resolução:

Em primeiro lugar, há que distinguir entre mercados mais concorrenciais e mercados menos concentrados. No caso dos cartéis de distribuição suíços, estes podem manter preços suficientemente elevados de tal modo que empresas menos eficientes se mantenham em laboração. Quando o cartel se desagrega, estas empresas relativamente ineficientes podem ser obrigadas a sair do mercado, gerando um aumento da concentração. Não é claro, no entanto, que se possa dizer que o mercado está menos concorrencial. Em particular, as empresas podem ter sido obrigadas a sair do mercado por preços mais baixos, decorrentes do colapso dos cartéis. Assim, é razoável a presunção de um aumento de concentração (apontada pela OCDE), associada com o aumento da concorrência resultante da desagregação dos cartéis, em resposta à concorrência de importações. Como há também um aumento da concorrência no mercado, existe igualmente alguma razão do lado das autoridades suíças.

■ **5.16** A produção de semicondutores é caracterizada por significativas economias de experiência na produção. Suponha que o custo marginal de cada empresa é dado pela seguinte tabela:

Anos de experiência	Custo
0	10
1	8
2^+	6

O custo fixo de produção é de 45 por período. A função procura é $Q = 135 - 9P$. Sabe-se que a empresa A entrou no mercado em 1980.

Com base neste modelo, indique em que medida é que a **curva de experiência** (a função dada pelo quadro) pode constituir uma barreira à entrada. Sugestão: Determine se é rentável para a empresa B entrar no mercado a partir do ano t, $t = 1980, 1981$, etc. Suponha que a haver duas empresas no mercado, o modelo de Cournot é aplicável, e que a taxa de desconto é 50%. Note que num duopólio de Cournot, o lucro variável da empresa i é dado por

$$\Pi_i = \frac{1}{b}\left(\frac{a - 2c_i + c_j}{3}\right)^2$$

em que as variáveis e os parâmetros têm o significado habitual.

Resolução:

A curva de procura é dada por $Q = 135 - 9P$, pelo que $b = 1/9$ e $a = 135/9 = 15$. A empresa B tem três alternativas à sua disposição: (i) entrar em 1980; (ii) entrar em 1981; ou (iii) entrar em 1982. Vejamos para cada um destes casos qual o valor do lucro actualizado.

Capítulo 5. Barreiras à entrada

(i) A empresa B entra em 1980

$$\Pi^A_{80} = \Pi^B_{80} = \left(\frac{15 - 2 \times 10 + 10}{3}\right)^2 9 - 45 = -20 \quad (5.16.1)$$

$$\Pi^A_{81} = \Pi^B_{81} = \left(\frac{15 - 2 \times 8 + 8}{3}\right)^2 9 - 45 = 4 \quad (5.16.2)$$

$$\Pi^A_{82} = \Pi^B_{82} = \left(\frac{15 - 2 \times 6 + 6}{3}\right)^2 9 - 45 = 36 \quad (5.16.3)$$

$$\sum_{t>82} \beta^{t-82} \Pi^j_t = 1.5 \times 36/0.5 = 108, \quad j = A, B \quad (5.16.4)$$

Actualizando para 1980:

$$\Pi^j = -20 + \frac{4}{1.5} + \frac{108}{1.5^2} = 30.6, \quad j = A, B$$

(ii) A empresa B entra em 1981

$$\Pi^B_{81} = -36 \quad (5.16.5)$$
$$\Pi^B_{82} = -20 \quad (5.16.6)$$
$$\Pi^B_{83} = 36 \quad (5.16.7)$$

Actualizando para 1980:

$$\Pi^B = -\frac{36}{1.5} - \frac{20}{1.5^2} + \frac{108}{1.5^3} = -0.89$$

pelo que não é rentável entrar um ano mais tarde.

(iii) A empresa B entra em 1982

$$\Pi^B_{82} = -44 \quad (5.16.8)$$
$$\Pi^B_{83} = -20 \quad (5.16.9)$$
$$\Pi^B_{84} = 36 \quad (5.16.10)$$

Actualizando para 1980:

$$\Pi^B = -\frac{44}{1.5^2} - \frac{20}{1.5^3} + \frac{108}{1.5^4} = -4.15$$

E com estes resultados vê-se que o lucro que a empresa B tem é negativo a partir da entrada em 1981, pois neste ano a empresa B ao entrar está já em desvantagem de custos face à empresa A (que usufrui já de um ano de experiência). Aliás, a entrada só dá mais vantagem de custos à empresa A. Neste sentido, ao dar uma vantagem de custos permanente à empresa A, a curva de experiência actua como uma barreira à entrada da empresa B.

■ **5.17** Suponha que a procura por determinado produto homogéneo é dada por $P = 100 - 2Q$. A função custo variável de produção é $C = 10Q$. Verifica-se ainda um custo irrecuperável de entrada $S = 100$. Actualmente, o mercado é servido por uma empresa, existindo ainda um concorrente potencial.

a) Qual a quantidade produzida pela primeira empresa em situação de monopólio efectivo (*i.e.*, sem concorrência potencial)?

b) Supondo que o concorrente potencial toma a quantidade produzida pela primeira empresa como dada, qual o lucro de cada empresa caso a entrada se verifique?

c) Qual a quantidade que a primeira empresa terá de produzir com vista a evitar a entrada do concorrente potencial (ou: qual o preço limite)?

d) Supondo que a primeira empresa adopta uma estratégia de preço limite, determine o índice de Lerner como função do valor de S. Comente.

e) Qual o valor de S abaixo do qual a primeira empresa prefere não adoptar uma estratégia de preço limite?

Resolução:

a) Numa situação de monopólio efectivo, a empresa monopolista tem como problema

$$\max_Q \Pi = (100 - 2Q)Q - 10Q \qquad (5.17.1)$$

A condição de primeira ordem deste problema de optimização é dada por

$$\frac{\partial \Pi}{\partial Q} = 100 - 4Q - 10 = 0 \qquad (5.17.2)$$

Os valores de equilíbrio são $Q = 22.5, P = 55, \Pi = 1012.5$.

b) O problema da empresa candidata a entrar no mercado é

$$\max_{Q_e} \Pi^e = (100 - 2(Q_e + Q) - 10)Q_e - S \qquad (5.17.3)$$

A condição de primeira ordem é dada por

$$\frac{\partial \Pi^e}{\partial Q_e} = 90 - 4Q_e - 2Q = 0 \qquad (5.17.4)$$

de onde sai a função reacção da empresa entrante

$$Q_e = 22.5 - \frac{1}{2}Q \qquad (5.17.5)$$

Para uma quantidade da empresa instalada $Q = 22.5$, vem $Q_e = 11.25$, $P = 32.5, \Pi = 506.25$ e $\Pi^e = 153.125$.

c) Para evitar a entrada, a quantidade produzida pela empresa instalada terá de ser tal que $\Pi^e \leq 0$.

$$\begin{aligned} \Pi^e &= (100 - 2Q - 2(22.5 - \frac{1}{2}Q) - 10)(22.5 - \frac{1}{2}Q) - 100 \\ &= 1/2(45 - Q)^2 - 100 \end{aligned} \qquad (5.17.6)$$

Para fazer $\Pi^e = 0$, $45 - Q = \sqrt{200}$ de onde sai $Q = 30.86, P = 38.28$ e $\Pi = 872.72$.

d) O lucro da empresa entrante é

$$\Pi^e = (45 - Q)^2 - S \qquad (5.17.7)$$

A condição de lucro nulo para a empresa entrante implica que a quantidade mínima produzida pela empresa já presente no mercado e que impede a entrada seja:

$$Q = 45 - \sqrt{S2} \qquad (5.17.8)$$

Se esta quantidade for inferior à quantidade de monopólio, então a empresa instalada prefere produzir a quantidade de monopólio pois continua a impedir a entrada e tem lucros superiores (por definição de lucro de monopólio). Apenas no caso de valor dado pela expressão (5.17.8) ser superior à quantidade óptima do monopolista é esta expressão válida. Isto significa que apenas para valores $S < 253$ a entrada não está bloqueada automaticamente com a quantidade de monopólio.

$$P = 100 - 2Q = 10 + 2\sqrt{2S} \qquad (5.17.9)$$

$$\pounds = \frac{P - c'}{P} = \frac{10 + 2\sqrt{2S} - 10}{10 + 2\sqrt{2S}} = \frac{\sqrt{2S}}{5 + \sqrt{2S}} \qquad (5.17.10)$$

$$\frac{\partial \pounds}{\partial S} = \frac{5}{\sqrt{2S}(5 + \sqrt{2S})^2} > 0 \qquad (5.17.11)$$

Quanto maior for o custo de entrada para o concorrente potencial, maior será o índice de Lerner se a empresa instalada adoptar uma estratégia de preço limite (novamente, desde que a quantidade associada seja superior à de monopólio). A ideia é que quanto maior for o custo de outras empresas entrarem no mercado menos importante é a disciplina implicada pela existência de concorrência potencial.

e) A empresa instalada prefere não utilizar uma estratégia de preço limite quando o lucro originado por essa estratégia é inferior ao lucro que a empresa tem caso permita a entrada. O lucro da empresa permitindo a entrada e comportando-se como especificado em b) é de 506.25. O lucro da estratégia de preço limite é:

$$\Pi = (10 + 2\sqrt{2S} - 10)(45 - \sqrt{2S}) \qquad (5.17.12)$$

Para a estratégia de preço limite ser preferível a deixar a empresa candidata entrar é necessário que:

$$90\sqrt{2S} - 4S \geq 506.25/2 \qquad (5.17.13)$$

Calculando o valor de S que torna a empresa instalada indiferente entre ter ou não uma estratégia de preço limite: $S^* = 21.715$. A resolução da equação implícita na expressão (5.17.13) tem duas raízes, sendo uma delas superior a 253, pelo que é eliminada por falta de sentido económico. Para $S \geq S^*$, a empresa instalada prefere ter uma estratégia de preço limite. Para $S < S^*$, prefere acomodar a entrada da segunda empresa.

■ **5.18** Nos sectores de bens de consumo, o lançamento de um novo produto implica normalmente uma dispendiosa campanha publicitária. O *Economist* (24 de Dezembro de 1988) estima que uma destas campanhas custará, nos Estados Unidos, cerca de 60 milhões de dólares, sendo os valores para o Japão e o Reino Unido de 30 e 20 milhões de dólares, respectivamente.

a) Constituem estas despesas de publicidade um custo fixo ou um custo irreversível?

b) Considerando a campanha de publicidade como custo de entrada (e, eventualmente, barreira à entrada). Encontra alguma diferença entre este custo e o custo do investimento em capital físico?[1]

---

[1]Parte da resposta encontra-se na secção sobre evidência empírica; outra parte encontra-se em Richard Schmalensee, "Product Differentiation Advantages of Pioneering Brands", *American Economic Review* 72 (1982), 349-365.

c) Constituem estas despesas da campanha publicitária uma barreira à entrada segundo a definição de Bain? E segundo a definição de Stigler?

Resolução:

a) As despesas de publicidade são um custo irreversível.

b) O investimento em publicidade pode induzir diferenciação do produto aos olhos do consumidor. É um investimento que perdura ao longo do tempo, embora também esteja sujeito a depreciação.

A imagem resultante deste investimento pode constituir uma vantagem permanente face a empresas candidatas à entrada no mercado. Neste sentido, o efeito deste investimento publicitário é diferente do efeito do investimento em capital físico, mesmo que este se destine a diferenciação do produto em termos de características técnicas.

O investimento em publicidade também implica uma vantagem de custos por parte das empresas instaladas, no sentido em que no momento de entrada de uma nova empresa já não precisam de o incorrer, o mesmo não sendo verdadeiro para a nova empresa candidata à entrada.

c) Segundo Bain, existem barreiras à entrada se as empresas instaladas tiverem a capacidade de praticar preços acima do mínimo do custo médio sem que tal induza entrada no mercado. Neste sentido, as despesas em publicidade podem ser uma barreira à entrada. Segundo Stigler, as barreiras à entrada são custos que têm de ser incorridos pelas empresas candidatas à entrada e que não o têm de ser pelas empresas já instaladas. Também neste sentido as despesas de publicidade podem ser consideradas uma barreira à entrada.

Capítulo 5. Barreiras à entrada 93

■ **5.19** Durante mais de 40 anos, a Lei do Condicionamento Industrial regulamentou a possibilidade de entrada de novas empresas em diversos sectores de actividade, bem como o acréscimo de capacidade por parte de empresas já existentes. Essencialmente, a lei obrigava à obtenção de uma licença para cada projecto de investimento, sendo o objectivo evitar excessos de capacidade bem como excessos de poder de mercado. Apresente dois conjuntos de argumentos sobre o impacte da lei na eficiência e no bem-estar, um positivo e outro negativo.

Resolução:

Um aspecto positivo é evitar o excesso de investimento resultante da tendência para excesso de entrada em mercados de concorrência imperfeita (este excesso de entrada resulta de parte do ganho de entrar no mercado ser lucro obtido à custa das restantes empresas do mercado, pelo que o incentivo privado à entrada é superior ao benefício social de entrada, na margem).

Um aspecto negativo é o criar barreiras legais à entrada, reforçadas na sua eficácia por haver uma consulta às empresas instaladas antes da aprovação de cada novo projecto de investimento[2].

■ **5.20*** O Governo português tem dado apoio, de diversas formas, a empresas dos subsectores mineiros do estanho e do volfrâmio. Trata-se de uma política que se prende com o "carácter transitório de uma crise grave no subsector, resultante das baixas cotações internacionais para estes metais". Com o apoio governamental às empresas mineiras, "pretende-se resguardar de uma perda definitiva as minas com potencialidades evidentes, já que 'uma mina fechada é uma mina perdida'". (cf. *Expresso*, 14 de Outubro de 1989)

---

[2]Veja-se João Confraria, *Condicionamento Industrial. Uma Análise Económica*, Lisboa: Direcção-Geral da Indústria, 1992.

a) Comente a política governamental bem como a argumentação apresentada.

b) Suponha que o horizonte temporal se divide em dois períodos, hoje e amanhã. A cotação do volfrâmio é actualmente 60 dólares. Amanhã, este valor manter-se-á com probabilidade 40% e subirá para 150 dólares com probabilidade 60%. Sabendo que a capacidade das empresas mineiras é $K = 1$, o custo marginal de extracção $c = 10$ dólares, o custo fixo de manter a mina aberta $F = 60$ e o custo de reabrir uma mina fechada $S = 100$, determine se é rentável manter a mina aberta. Sugestão: calcule o valor esperado total dos dois períodos em função da decisão tomada no primeiro período.

Resolução:

a) O problema defrontado é o da existência de um custo irreversível de entrada em actividade que terá de ser novamente suportado caso a mina feche. Se o custo de manter a mina aberta com prejuízo durante um curto período de tempo for inferior ao custo irreversível de reabertura da mina, o subsídio governamental faz sentido.

b) O exercício proposto põe em evidência os factores descritos na alínea anterior. Para decidir sobre a manutenção da mina em actividade, é necessário calcular o lucro esperado no segundo período para cada uma das decisões (manter aberta ou fechar a mina). Admita-se um factor de desconto unitário.

Suponhamos que a mina é mantida aberta. O lucro no primeiro período é $\Pi_1^a = 60 - 70 = -10$. O lucro no segundo período depende da cotação do volfrâmio. Será

$$\Pi_2^a = -10 + 0.4 \times 60 + 0.6 \times 150 = 104$$

Capítulo 5. Barreiras à entrada

O lucro esperado total é

$$\Pi^a = 94 \qquad (5.20.1)$$

No caso de a mina ser fechada, o lucro no primeiro período é nulo. No segundo período, o lucro dependerá da reabertura ou não da mina. A mina só é reaberta no caso de se verificar uma cotação elevada. O lucro esperado total é

$$\Pi^f = 0.6(150 - 100 - 10) = 24 \qquad (5.20.2)$$

Resulta assim que a manutenção da mina aberta origina um maior valor esperado global para os lucros do que o seu encerramento no primeiro período e reabertura caso a cotação do volfrâmio seja elevada no segundo período.

■ **5.21** Considere um mercado com procura dada por $Q = 105 - P/10$. A função custo de cada uma das três empresas é dada por $C = 50q_i + 200$.

a) Determine a quantidade produzida caso as empresas se comportem como *price takers*.

b) Determine a solução de equilíbrio de Cournot.

c) Admitindo que se verifica livre entrada no mercado, determine o número de empresas em equilíbrio.

d) Comparando os resultados das alíneas anteriores, comente a seguinte afirmação: "Quando se verifica livre entrada, os lucros das empresas são nulos, e por conseguinte a solução de equilíbrio é eficiente". Ilustre graficamente.

Resolução:

a) Se as empresas se comportam como *price-takers*, o equilíbrio de mercado ocorre para $P = 50$ e $Q = 100$.

b) Na solução de equilíbrio de Cournot, cada empresa toma a produção das restantes empresas como dada. Cada empresa tem como objectivo

$$\max_{q_i} \Pi_i = (1050 - 10Q)q_i - 50q_i - 200 \qquad (5.21.1)$$

A condição de primeira ordem correspondente é

$$\frac{\partial \Pi_i}{\partial q_i} = 1050 - 20q_i - 10Q_{-i} - 50 = 0 \qquad (5.21.2)$$

Usando a propriedade de simetria da solução: $Q_{-i} = 2q_i$, vem $q_i = 25$.

c) Com livre entrada, o lucro de cada empresa é em equilíbrio nulo e cada empresa escolhe a sua quantidade segundo a solução de equilíbrio de Cournot.

$$\max_{q_i} \Pi_i = (1000 - 10Q)q_i - 200 \qquad (5.21.3)$$

A condição de primeira ordem respeitante a este problema é novamente

$$\frac{\partial \Pi_i}{\partial q_i} = 1050 - 20q_i - 10Q_{-i} - 50 = 0 \qquad (5.21.4)$$

Utilizando mais uma vez o facto de as empresas serem simétricas

$$q = \frac{100}{n+1} \qquad (5.21.5)$$

sendo n o número de empresas.

O lucro de equilíbrio vem

$$\Pi_i = 1000 \frac{100}{(n+1)^2} - 200 \qquad (5.21.6)$$

Em equilíbrio $\Pi_i = 0$ e resolvendo em ordem a n, obtém-se como solução admissível $n = 21.36$, pelo que o número de empresas em equilíbrio é 21. Os restantes valores de equilíbrio são

$$q = \frac{100}{22} = 4.54 \qquad (5.21.7)$$
$$Q = 95.45 \qquad (5.21.8)$$
$$P = 95.5 \qquad (5.21.9)$$

d) A solução não é eficiente apesar de os lucros das empresas serem nulos. A solução eficiente ocorre quando o preço é igual ao custo marginal, isto é, $P = 50$. No entanto, dado que o custo marginal é constante e existe um custo fixo de produção, as empresas teriam prejuízo na solução eficiente. A solução eficiente implica uma única empresa no mercado produzindo uma quantidade tal que o preço fosse igual ao custo marginal de produção; deveria haver uma transferência monetária para a empresa, independente da quantidade produzida, tal que a empresa tivesse lucro não negativo. Esta implicação do modelo resulta essencialmente de se ter considerado uma função custos com um custo fixo e com rendimentos constantes à escala nos custos variáveis.

■ **5.22*** T. Bresnahan e P. Reiss obtiveram dados sobre a dimensão de pequenas vilas americanas, geograficamente isoladas, bem como o número de médicos, dentistas, canalizadores, etc..., em cada uma dessas vilas[3]. Com base nesses dados, estimaram que a dimensão mínima de uma vila com dois médicos é aproximadamente 3.96 vezes superior à dimensão mínima de uma vila com um médico: por outro lado, a dimensão mínima de uma vila com dois canalizadores é aproximadamente 2.12 vezes superior à dimensão mínima de uma vila com um canalizador. Que conclusões pode

---

[3] Timothy Bresnahan e Peter Reiss, "Entry and Competition in Concentrated Markets", *Journal of Political Economy* **99** (1991), 977-1009.

tirar destes resultados no que respeita à existência de barreiras à entrada?

Resolução:

Vale a pena pensar um pouco no que quer dizer a análise empírica realizada. O primeiro médico entra se $\pi^m(S) \geq F$, o segundo médico entra se $\pi^d(S) \geq F$. Estas regras de decisão definem $\pi^m(S_m) = F, \pi^d(S_d) = F$. Os dados dizem que $S_d = 3.96 S_m$ (no caso dos médicos), pelo que o custo fixo de entrada tem de ser considerável. As barreiras à entrada são, por este raciocínio, mais importantes no caso dos médicos do que no caso dos canalizadores[4].

■ **5.23*** A análise dos efeitos da entrada no bem-estar foi feita neste capítulo com base no paradigma de uma economia fechada. Como seriam os resultados alterados se a entrada fosse originária em empresas estrangeiras e a função objectivo fosse o bem-estar nacional? Sugestão: suponha que as empresas activas concorrem *à la* Cournot e que existem n_1 empresas nacionais e n_2 empresas estrangeiras. Determine o bem-estar nacional, W, como a soma do excedente do consumidor e os lucros das empresas nacionais. Finalmente, calcule a derivada de W em ordem a n_2.

Resolução:

Considerando $P = 1 - Q$ e custo marginal de produção nulo ($c = 0$), o excedente do consumidor é:

$$EC = \frac{Q^2}{2} \qquad (5.23.1)$$

---

[4]Para além da referência bibliográfica da nota 3, veja-se igualmente Timothy Bresnahan e Peter Reiss, "Do Entry Conditions Vary Across Markets?", *Brookings Papers on Economic Activity*, **3**: 833–871, 1987.

e os lucros da empresa i são:

$$\Pi_i = (1-Q)q_i \qquad (5.23.2)$$

Para o equilíbrio de Cournot simétrico

$$q = \frac{1}{n_1+n_2+1}; \qquad Q = \frac{n_1+n_2}{n_1+n_2+1} \qquad (5.23.3)$$

$$P = \frac{1}{n_1+n_2+1}; \qquad \Pi = \frac{1}{(n_1+n_2+1)^2} \qquad (5.23.4)$$

A medida de bem-estar doméstico é:

$$W^d = \frac{Q^2}{2} + n_1 \frac{1}{(n_1+n_2+1)^2} \qquad (5.23.5)$$

Tomando o modo como a medida de bem-estar doméstico varia com o número de empresas estrangeiras:

$$\frac{\partial W^d}{\partial n_2} = \frac{n_2-n_1}{(n_1+n_2+1)^3} \qquad (5.23.6)$$

e $\partial W^d/\partial n_2 > (<)0$ se $n_2 > (<)n_1$. A interpretação destes resultados é a de que em economia aberta a entrada de empresas estrangeiras tem dois efeitos de sinal contrário: aumento do excedente do consumidor (positivo do ponto de vista da medida de bem-estar doméstica) e transferência de lucros das empresas nacionais para as empresas estrangeiras (efeito negativo).

Para $n_1 < n_2$ predomina o efeito positivo. Já existem tantas empresas estrangeiras que a entrada de mais uma é feita à custa dos lucros de empresas nacionais e estrangeiras. Para $n_1 > n_2$, sucede o contrário. Como a entrada de empresas estrangeiras é feita à custa de empresas nacionais, a transferência de lucros domina o efeito de aumento de excedente do consumidor[5].

---

[5] Para uma análise mais geral, veja-se Pedro Barros e Luís Cabral, "Foreign Entry and Domestic Welfare", em João Ferreira do Amaral, Diogo de Lucena e António Sampaio e Mello, editores, *The Portuguese Economy Towards 1992*, Boston: Kluwer Academic Publishers, 1992.

■ **5.24** Num estudo sobre o impacte da criação do mercado único europeu,
A. Smith e A. Venables prevêem, para o sector automóvel, uma redução de 2.67% do custo médio e um aumento de 4.5% do bem-estar (percentagem do valor do consumo). Num extremo oposto, para o sector de calçado, a redução do custo médio seria apenas de 0.42%, enquanto que o bem-estar aumentaria apenas 0.5%[6]. Como se justificam estas previsões?

Resolução:

O sector automóvel tem maior diferenciação do produto do que o sector de calçado, pelo que a integração permite obter maiores ganhos por duas vias: (i) maior importância da obtenção de economias de escala, que resulta em redução de custos médios; (ii) ganhos mais importantes da criação de mais variedades disponíveis para cada consumidor (ganho em termos de utilidade). Em sectores em que as economias de escala são de menor importância e em que a valorização da variedade de escolha é menor (como acontece com o sector do calçado) os ganhos da integração são menores, já que a dimensão dos mercados nacionais pré-mercado único já permitia explorar as (fracas) economias de escala existentes. Também o argumento de aumento de variedade é menos forte no caso do calçado do que no caso automóvel.

■ **5.25*** Suponha que dois países, inicialmente em situação de autarcia, decidem formar um mercado único. Para simplificar, suponha também que existe apenas um produto. A procura por

---

[6] Alisdair Smith e Anthony Venables, "Completing the Internal Market in the European Community", *European Economic Review* **32** (1988), 1501-1525.

Capítulo 5. Barreiras à entrada

este produto é dada por $D_i = S_i(a - P_i)$, $(i = 1, 2)$, onde S_i é um indicador da dimensão do país e P_i o preço. Após a criação do mercado único, a procura é dada pela agregação das procuras de cada país.

Supondo que se verifica livre entrada e concorrência *à la* Cournot, determine o número de empresas em equilíbrio antes e depois da criação do mercado único. Comente.

Resolução:

Admitindo custos marginais constantes e iguais para todas as empresas, c, e que em cada mercado existem n_i empresas, actuando cada empresa como oligopolista de Cournot, tem-se que

$$q_{ij} = \frac{(a-c)S_i}{n_i + 1}, \qquad Q_i = \frac{n_i}{n_i + 1}(a-c)S_i \qquad (5.25.1)$$

A livre entrada de empresas traduz-se na condição de $\Pi_{ij} = 0$:

$$\Pi_{ij} = \left(a - \frac{n_i}{n_i + 1}(a-c) - c\right)\frac{(a-c)S_i}{n_i + 1} - F = 0 \qquad (5.25.2)$$

Daqui resulta

$$n_i^* = (a-c)\sqrt{\frac{S_i}{F}} - 1 \qquad (5.25.3)$$

onde n_i^* é o número de empresas de equilíbrio em cada mercado.

Após a criação do mercado único, o novo número óptimo de empresas será

$$n' = (a-c)\sqrt{\frac{S_1 + S_2}{F}} - 1 \qquad (5.25.4)$$

Ou seja, o número de empresas em equilíbrio relaciona-se positivamente com a dimensão do mercado ($\partial n/\partial S > 0$), mas tal sucede a uma taxa decrescente ($\partial^2 n/\partial S^2 < 0$).

No mercado único, o número de empresas em equilíbrio é menor do que a soma dos dois mercados em separado. O mercado único é mais concorrencial do que dois mercados separados, levando a que em equilíbrio as empresas sejam maiores do que cada empresa num mercado separado anterior, mas sustentando menor número de empresas em equilíbrio.

Capítulo 6

Fusões e aquisições

■ **6.1*** Cournot argumentou que, numa situação de monopólio em cada estádio da produção, a integração vertical tem um efeito positivo sobre a eficiência do mercado do produto, na medida em que evita o problema da **dupla marginalização.**

Suponha que existem dois estádios de produção. Um produto primário x é utilizado na produção do produto intermédio y à taxa 1:1. O produto intermédio y, por sua vez, é utilizado na produção do produto final z, também à taxa 1:1. Inicialmente, quer a produção de y, quer a produção de x são efectuadas em situação de monopólio, sendo os monopólios independentes entre si. A oferta de x é perfeitamente elástica, sendo o custo unitário dado por c.

a) Sabendo que a procura pelo produto final é dada por $p_z = a - bz$, determine a solução óptima do monopolista a jusante dado o preço p_y.

b) Determine a procura derivada do produto intermédio y (em função de p_y).

c) Determine a solução óptima do monopolista a montante e,

com base na solução derivada em a), o preço do produto final.

d) Suponha que se procede à integração vertical entre os dois monopolistas. Determine o óptimo do novo monopolista. Mostre que o novo valor de p_z é inferior ao valor determinado em c). Interprete.

Resolução:

Nota: no segundo parágrafo deve ler-se "Inicialmente, quer a produção de y, quer a produção de z são efectuadas em situação de monopólio, sendo os monopólios independentes entre si."

a) O problema da empresa vendedora de z é:

$$\max_z p_z z - p_y z \qquad (6.1.1)$$

E deste problema resulta:

$$z = \frac{a - p_y}{2b} \qquad (6.1.2)$$

$$p_z = \frac{a + p_y}{2} \qquad (6.1.3)$$

$$\Pi_2 = \frac{1}{b}\left(\frac{a - p_y}{2}\right)^2 \qquad (6.1.4)$$

b) A procura do bem intermédio y é igual à quantidade que o monopolista 2 fabrica de z, pois a taxa de transformação é de 1 para 1.

$$y_d = \frac{a - p_y}{2b} \qquad (6.1.5)$$

c) O problema da empresa produtora do bem intermédio é:

$$\max_y p_y y - cy = \frac{a - p_y}{2b}(p_y - c) \qquad (6.1.6)$$

que tem como solução

$$p_y = \frac{c+a}{2}$$
$$y = \frac{a-c}{4b}$$

o que leva a

$$p_z = \frac{3a+c}{4}$$

Os lucros das duas empresas são

$$\Pi_y = \frac{1}{b}\left(\frac{a-c}{2}\right)^2; \quad \Pi_z = \frac{1}{b}\left(\frac{a-c}{4}\right)^2 \qquad (6.1.7)$$

d) Com integração vertical, o problema da empresa integrada é:

$$\max_s \Pi_{y+z} = (a - bz) - cz \qquad (6.1.8)$$

e a solução deste problema é:

$$z = \frac{a-c}{2b}; \quad p_z = \frac{a+c}{2}; \quad \Pi_{z+y} = \frac{1}{b}\left(\frac{a-c}{2}\right)^2 \qquad (6.1.9)$$

O preço p_z é inferior ao preço de antes da integração, pois

$$\frac{a+c}{2} < \frac{3a+c}{4} \qquad (6.1.10)$$

pois $a > c$ para que existam transacções.

Com a integração vertical deixa de se verificar a dupla marginalização que existia anteriormente. São internalizados os efeitos das decisões de cada monopolista. Como seria de esperar, o excedente do consumidor aumenta e os lucros totais diminuem quando se procede à integração vertical.

■ **6.2** Considere um mercado com três empresas e procura dada por $P = 24 - Q$. Os custos fixos e variáveis são iguais a zero. Suponha que cada empresa tem uma capacidade produtiva máxima igual a 6 unidades.

a) Determine o equilíbrio de Cournot.

b) Suponha que duas das empresas procedem a uma fusão. Determine o novo equilíbrio.

c) Mostre que a fusão aumenta os lucros das empresas participantes na fusão, mesmo não se verificando quaisquer ganhos de eficiência. Comente.

Resolução:

a) O equilíbrio de Cournot é caracterizado pelos seguintes valores:

$$q_i = 6; \qquad Q = \sum_i q_i = 18; \qquad P = 6; \qquad \Pi_i = 36 \qquad (6.2.1)$$

b) Quando duas empresas se fundem passam a ter capacidade máxima de 12 unidades. A empresa que permanece isolada mantém a capacidade de 6.
A procura residual para a nova empresa é $P = 24 - 6 - q = 18 - q$.
Actuando
a empresa como monopolista sobre esta procura residual, resulta

$$q = 9; \qquad Q = 15; \qquad P = 9; \qquad \Pi = 81 \qquad (6.2.2)$$

O lucro da empresa isolada é $\Pi = 54$. O lucro da nova empresa aumenta para 81, e não há ganhos de eficiência, pois os custos mantêm-se nulos. O excedente do consumidor diminui, pois não há ganhos de eficiência, apenas aumento de poder de mercado. Este resultado está fortemente dependente da existência de uma restrição de capacidade por parte da empresa exterior à fusão.

Capítulo 6. Fusões e aquisições

Em geral, se essa limitação não existir, apenas as fusões que criem um quase monopólio geram acréscimo de lucros para as empresas participantes na operação de concentração[1].

■ **6.3** Procure uma notícia de jornal sobre uma fusão e/ou aquisição de empresas.

a) Discuta os motivos principais que, na sua opinião, levaram a essa operação.

b) Qual o impacte da fusão/aquisição no poder de mercado da empresa em questão, bem como no nível de eficiência económica? Justifique.

c) Pensa ser desejável a intervenção do Estado no caso considerado, e, se sim, em que sentido? Justifique.

Resolução:

a) Foi recentemente anunciada a fusão da Coopers & Lybrand com a Price Waterhouse, tendo no decorrer do processo sido emitidos os seguintes comunicados à imprensa[2].

---

[1] Veja-se Stephen Salant, Sheldon Switzer e Robert Reynolds, "Losses Due to Merger: the Effects of an Exogenous Change in Industry Structure on Cournot–Nash Equilibrium", *Quarterly Journal of Economics*, **98**: 185–199, 1983.

[2] Parte da informação apresentada neste exercício foi consultada em Andreia Duarte, Helena Coelho, Pedro Cunha e Sónia Alain, "Fusão da Coopers & Lybrand com a Price Waterhouse e da Ernst & Young com a KPMG", Faculdade de Economia, Universidade Nova de Lisboa, 1998. Os comunicados à imprensa foram obtidos em http://www.pricewaterhouse.com.

September 18, 1997

COOPERS & LYBRAND, PRICE WATERHOUSE TO MERGE
Vision to Create Global Professional Services Powerhouse

NEW YORK AND LONDON – Coopers & Lybrand and Price Waterhouse, two of the world's most prominent professional services organizations, today announced plans to merge their practices worldwide.

The new organization will provide unprecedented service to global, national and local companies in markets worldwide. It will offer a comprehensive range of business assurance, business advisory, tax, and management, IT, and human resource consulting services and a commitment to helping clients formulate and implement strategic solutions which drive growth and improve business performance.

In a joint statement, Nicholas G. Moore, Chairman of Coopers & Lybrand International, and James J. Schiro, CEO of Price Waterhouse, said: "This is a wonderful opportunity that will propel both organizations into the 21st century. We are excited about what the merger will mean for our clients, our partners, and all our people."

Mr. Moore, who will serve as Chairman of the merged organizations, said: "Unlike previous mergers in our business, our decision to combine has been driven by the recognition that our clients require seamless global support and unprecedented levels of expertise that, until now, were simply not available from any one organization. Together, Coopers & Lybrand and Price Waterhouse will have the global reach, the global strength, and the integrated management structure to meet the future challenges and opportunities our clients will face."

Mr. Schiro, who will serve as CEO of the merged organizations, commented: "As the talks have progressed over the past few weeks, we have been struck by the compatibility of our cultures and our shared vision. Both Price Waterhouse and Coopers & Lybrand are solidly committed to offering our clients world-class capabilities to help them solve the increasingly complex business problems they encounter as they expand and globalize. Both organizations are also firmly committed to providing outstanding career opportunities for our exceptionally talented people."

"The merger brings together complementary capabilities to add value to our clients of all size throughout the world," said Cees G. van Luijk, Chairman, Coopers & Lybrand Europe, and Jermyn Brooks, Chairman, Price Waterhouse. "Clients in the United States will benefit from Coopers & Lybrand's strengths in strategy and human resource consulting and Price Waterhouse's equally strong packaged software and global IT implementation practices. Combined, the two organizations offer clients a powerful consulting resource. Clients in Europe will benefit from the combining of leading national practices in, for example, the United Kingdom, France, and Switzerland, as well as leading consulting practices in IT implementation and re-engineering."

"Combining these two great organizations," said Mr. Schiro, "will create a tremendously dynamic professional environment that will provide our clients with the support they need to succeed in the global marketplace and will give us an unparalleled ability to develop and execute innovative and strategic solutions. It makes sense for our clients and it makes sense for our people."

"Equally important, combining our two organizations," Mr. Moore continued, "will also enhance our involvement with clients in providing exceptional global business assurance, risk management advice, international and national tax consulting, business turnaround and corporate finance assistance. Governments and financial services clients will benefit from our depth of practice in privatizations and as one of the world's largest human resource consultants."

As companies and the financial markets focus on expansion in emerging areas, the two organizations together offer unmatched resources in critically important markets like Russia, China, Southeast Asia, India, and Latin America.

The uniting of the practices of Coopers & Lybrand and Price Waterhouse will offer significant benefits to clients, particularly in those industries which are rapidly converging and in which sector distinctions are becoming less pronounced and competition more intense. For example, Coopers & Lybrand's strength in telecommunications complements Price Waterhouse's global expertise in the media and entertainment sectors. In financial services, the two organizations combined offer unmatched worldwide capabilities in banking, insurance, brokerage, and mutual funds.

In the energy sector, there are complementary strengths in oil and gas, mining, and utilities. In the rapidly growing technology sector, Coopers & Lybrand and Price Waterhouse have both the knowledge and know-how to serve the needs of emerging companies through the very largest and most sophisticated hardware and software manufacturers. As well, both organizations have a very substantial presence in the products sector. Price Waterhouse has considerable expertise in chemicals, which is complemented by Coopers & Lybrand's expertise in consumer products and manufacturing, and both organizations are well positioned in the pharmaceuticals sector.

The merged organization will be led by a diverse global leadership team with oversight from an international board composed of partners from around the world. Additional global leadership appointments will be announced later in the year.

The move caps a period of record growth for both organizations, whose fees in fiscal 1997, when combined, exceeded US$13 billion. The two organizations together have approximately 135,000 people worldwide, including more than 8,500 partners.

The merger, which is subject to approval by the partners of firms in both organizations and by regulators, is expected to become effective in early 1998. Both organizations have agreed that there will be no further public announcements until the partner approval process concludes later this year.

COOPERS & LYBRAND, PRICE WATERHOUSE ANNOUNCE WORLDWIDE MERGER
19 September 1997

JOINT MEDIA STATEMENT

Coopers & Lybrand and Price Waterhouse, two of the world's most prominent professional services organisations, today announced plans to merge their practices worldwide.

Globally, if the merger goes ahead, it will create a preeminent professional services organisation which will provide unprecedented service to global, national and local companies in markets worldwide.

Regionally, the merger will result in the largest professional services firm in Australia, New Zealand and other parts of South East Asia, with fees of more than $800 million, and over 550 partners and 7,500 staff.

David Smithers, Chairman, Coopers & Lybrand and John Harvey, Chairman, Price Waterhouse, said an Australian merger would mirror the benefits gained globally.

"We believe that the merger brings together synergies in knowledge, skills and expertise which will add value and enhance our specialist services to clients in the private and public sectors".

"Both organisations are committed to providing outstanding career opportunities for our people and through their combined efforts will provide tangible benefits to our clients, the business community and the locations where we operate".

"In a rapidly changing business environment, our clients expect speedy and responsive services with world-class capabilities and expertise, all of which will continue to be delivered through our merged organisation".

"Our shared strategic goal is to be the leading global and regional organisation solving complex and multi-dimensional business problems for our clients. We are confident that as we approach the next century we can continue to achieve this goal".

a) De acordo com afirmações dos representantes das empresas envolvidas, o argumento invocado é o de criação de equipas mais especializadas, o que permitirá uma melhor resposta às necessidades dos clientes. Devido à natureza dos serviços prestados, é razoável pensar que não existem economias de escala significativas a serem recolhidas. Um outro objectivo é o de criar a maior empresa mundial neste negócio, abrangendo também serviços prestados em au-

Capítulo 6. Fusões e aquisições

ditoria, aconselhamento de negócios, consultoria fiscal, consultoria de gestão, serviços de consultoria em recursos humanos e tecnologias de informação. Este desejo de dimensão pode configurar uma predisposição para a obtenção de maior poder de mercado.

b) Em termos de poder de mercado, no mercado português e tomando o conjunto das seis maiores empresas, as empresas envolvidas detêm uma quota de mercado conjunta antes da operação de concentração de 23.5%[3]. Este valor por si só não levanta grandes preocupações. Contudo, é de considerar que as seis maiores empresas passarão a cinco (ou menos, conforme venha a ocorrer ou não a subsequentemente anunciada fusão entre a KPMG e a Ernst & Young), detendo conjuntamente uma proporção significativa do mercado. Uma redução do número de empresas poderá facilitar uma menor concorrencialidade futura neste mercado, não sendo de excluir a possibilidade de abuso de posição dominante por parte do grupo, pelo que alguma atenção deverá ir sendo prestada a este mercado.

c) De um ponto de vista legal, a fusão da Coopers & Lybrand com a Price Waterhouse não preenche nenhum dos dois critérios para apresentação de notificação prévia à Direcção-Geral de Comércio e Concorrência, de acordo com o disposto no Decreto-Lei n.º 371/93. Os dois critérios relevantes são (a) criação ou reforço de uma quota superior a 30% no mercado nacional; e (b) volume de negócios das empresas envolvidas superior a 30 milhões de contos. A quota de mercado conjunta das empresas é de 23.5% e o seu volume de negócios de 6.2 milhões de contos.

De um ponto de vista dos efeitos da operação de concentração, se por um lado não é evidente que as economias de escala e diversificação (sinergias) reclamadas pelos intervenientes na fusão serão

---

[3]Este valor constitui uma subavaliação da verdadeira quota de mercado, pois o conjunto de referência para o seu cálculo é menor do que o mercado total, por indisponibilidade de informação.

de facto recolhidas, por outro lado, não há um reforço de poder de mercado que se possa considerar excessivo. Sendo as duas empresas caracterizadas por cultura própria, tipicamente um dos aspectos de diferenciação das empresas nesta área, um dos desafios que se coloca é até que ponto se conseguirá realizar uma fusão das duas empresas que não provoque choques excessivos numa, noutra ou em ambas as empresas.

Acresce que outras autoridades de concorrência terão de se pronunciar sobre a concretização da operação proposta (caso dos Estados Unidos e da União Europeia), sendo que os efeitos da operação a esses níveis serão mais significativos do que no mercado nacional, e se a operação não for aprovada por uma dessas autoridades, é difícil crer que as empresas procedam a fusões geograficamente localizadas.

■ **6.4** Considere um triopólio de Cournot com procura $P = 500 - Q$ e custos marginais constantes $c_1 = 100$ e $c_2 = c_3 = 200$.

a) Determine as quotas de mercado de cada empresa.

b) Suponha que se verifica uma fusão entre (i) empresa 1 e empresa 2 ou (ii) empresa 2 e empresa 3. Calcule as quotas de mercado da nova situação de equilíbrio em cada um dos casos.

Capítulo 6. Fusões e aquisições 115

c) Compare o valor do índice de Herfindhal calculado com base nas quotas de mercado da alínea anterior com o valor obtido, supondo que as quotas de mercado iniciais se mantêm constantes. Comente.

Resolução:

a) A solução de Cournot resulta da maximização do lucro de cada empresa individualmente. As funções de reacção (resultantes das condições de primeira ordem) são[4]:

$$q_1 = \frac{400 - q_2 - q_3}{2}$$
$$q_2 = \frac{300 - q_1 - q_3}{2}$$
$$q_3 = \frac{300 - q_1 - q_2}{2}$$

Sabendo que $c_2 = c_3$, então $q_2 = q_3$, logo os valores de equilíbrio são:

$$q_2 = q_3 = 50 \qquad s_1 = 0.6$$
$$q_1 = 150 \qquad s_2 = s_3 = 0.2$$
$$Q = 250 \qquad \Pi_1 = 22\,500$$
$$P = 250 \qquad \Pi_2 = \Pi_3 = 2\,500$$

b) (i) fusão entre a empresa 1 e a empresa 2:

Existem aqui duas hipóteses alternativas: a) apenas a empresa 1 é que produz porque é a empresa mais eficiente; b) as duas empresas dividem a produção entre si com custo marginal de 150. Para o

---

[4]Para a obtenção destas expressões, basta resolver o problema de maximização do lucro de cada empresa, conforme a metodologia já introduzida em exercícios prévios.

caso a) resulta:

$$q_{1+2} = 500/3$$
$$q_3 = 200/3$$
$$s_{1+2} = 71.4\%$$
$$s_3 = 28.6\%$$

Para o caso b), resulta

$$q_{1+2} = 400/3$$
$$q_3 = 250/3$$
$$s_{1+2} = 61.5\%$$
$$s_3 = 38.5\%$$

(ii) fusão entre as empresas 2 e 3:

Neste caso,

$$q_1 = 500/3$$
$$q_{2+3} = 200/3$$
$$s_1 = 71.4\%$$
$$s_{2+3} = 28.6\%$$

c)

Situação	Índice de Herfindahl
Inicial	0.44
Fusão emp.1 + emp.2 (quotas iniciais)	0.68
Fusão emp.2 + emp.3 (quotas iniciais)	0.52
Fusão emp.1 + emp.2 (quotas finais)	0.53
Fusão emp.2 + emp.3 (quotas finais)	0.59

O valor do índice H aumenta depois da concentração de duas empresas numa só. A sua aproximação com base nas quotas de mercado iniciais introduz um erro de avaliação, que não tem sempre o mesmo sentido. No caso da fusão entre a empresa mais eficiente e uma das outras, há uma sobreavaliação, enquanto para o caso de fusão entre duas empresa menos eficientes, há uma subavaliação do efeito.

■ **6.5** Considere um oligopólio com n empresas de custos marginais iguais e constantes. O produto é homogéneo e a elasticidade procura-preço é constante e igual a 1 (em módulo). Supondo que se verifica concorrência (i) em preços ou (ii) em quantidades, determine o acréscimo percentual do preço de equilíbrio caso se verifique uma fusão entre k empresas.

Resolução:

Com concorrência em preços, tem-se preço igual a custo marginal. No caso de k empresas se juntarem, o preço mantém-se inalterado, excepto no caso em que $k = n$ (fusão para monopólio), em que o preço passaria a ser o preço de monopólio.

Para o caso de concorrência em quantidades, num oligopólio com n empresas simétricas, cada empresa tem uma quota de mercado $s_i = 1/n$, pelo que $H = 1/n$. Em equilíbrio verifica-se que

$$\frac{P - c'}{P} = \frac{H}{\varepsilon} = H \qquad (\text{ pois } \varepsilon = 1) \qquad (6.5.1)$$

e, após manipulações simples,

$$P = \frac{nc}{n-1} \qquad (6.5.2)$$

Com a fusão de k das n empresas, o preço depois da operação de concentração vem:

$$P' = \frac{n-k+1}{n-k}c \qquad (6.5.3)$$

Tomando

$$\frac{\Delta P}{P} = \frac{P' - P}{P} = \frac{k-1}{(n-k)(n-1)} > 0 \qquad (6.5.4)$$

pois $k \geq 2$. É também fácil verificar que quanto maior for o número de empresas participante na operação de concentração, maior será o aumento percentual do preço de equilíbrio.

■ **6.6** "As companhias aéreas suíça e escandinava, Swissair e SAS, estabeleceram um acordo que prevê participações recíprocas de cinco a dez por cento e uma cooperação em seis sectores-chave, anunciou o presidente do conselho de administração da Swissair. [...] A cooperação incidirá sobre seis sectores: o sistema de tráfego (cada vez que não exista ligação directa entre os aeroportos nacionais e algum destino, recorrer-se-á ao parceiro para suprir essa dificuldade); a preparação de produtos conjuntos; a organização de vendas e de escalas (*guichets* comuns em países terceiros); a implementação de redes de dados comuns e de telecomunicações; a cooperação técnica; os serviços hoteleiros e restaurantes, incluindo sobretudo o *catering*." (cfr. *Diário de Notícias*, 2 de Outubro de 1989.) Discuta os aspectos positivos e negativos deste acordo, contrastando os pontos de vista (i) das empresas e dos consumidores, (ii) da Suíça/Suécia e dos restantes países europeus.

Resolução:

Os pontos de cooperação entre as duas empresas podem ser sumariados em[5]:

1. Tratamento preferencial da outra companhia na ausência de ligação directa;
2. Preparação de produtos conjuntos;

---

[5]Resolução baseada em proposta de Mário Alexandre Silva. Todos os erros e interpretações menos correctas são da minha exclusiva responsabilidade.

Capítulo 6. Fusões e aquisições

3. Organização de vendas e escalas;
4. Implementação de redes de dados comuns e de telecomunicações;
5. Cooperação técnica;
6. Serviços hoteleiros e restaurantes, sobretudo *catering*.

Os benefícios para as empresas envolvidas no acordo resultam essencialmente de ganhos de eficiência, nomeadamente o aproveitamento de economias de escala, e o aumento do poder de mercado por elas exercido. Permite igualmente evitar a duplicação (custosa) de rotas.

O aumento de poder de mercado pode ser motivado pelos segundo e terceiro itens dos pontos de cooperação, em que a preparação de produtos conjuntos e a organização conjunta das vendas diminuem a concorrência entre as empresas (também a eliminação de rotas duplicadas diminui a concorrência no mercado). Daqui pode resultar uma perda de bem-estar para os consumidores, que poderá ser ou não compensada por aumentos na qualidade do serviço ou por reduções de preços ligadas aos menores custos proporcionados pelo aproveitamento de economias de escala.

Para analisar os efeitos sobre os restantes países europeus, teríamos de avaliar os efeitos sobre as companhias aéreas e os consumidores dos outros países.

■ **6.7** Considere um duopólio com procura dada por $P = a - Q$. O custo marginal de cada empresa é constante e igual a c.

a) Determine a solução de equilíbrio, supondo que as empresas fixam quantidades simultaneamente.

b) Suponha que as empresas procedem a uma troca de participações no capital (*equity swap*) de γ. Determine a nova situação de equilíbrio em função de γ. Qual o valor de γ que implica um preço de equilíbrio igual ao de monopólio? Justifique.

Resolução:

a) Em equilíbrio de Cournot, tem-se

$$q_i = \frac{a-c}{3}; \qquad Q = \frac{2}{3}(a-c); \qquad P = \frac{a+2c}{3} \qquad (6.7.1)$$

b) A empresa 1 obtém uma proporção γ do lucro da empresa 2, e uma parte γ do lucro gerado da empresa 1 é propriedade da empresa 2 (e vice-versa para a empresa 2).

O problema da empresa $i, i = 1, 2$ é:

$$\max_{q_i} \Pi'_i = (1-\gamma)\Pi_i + \gamma\Pi_j \qquad (6.7.2)$$

A resolução das condições de primeira ordem dos problemas de ambas as empresas originam:

$$q_1 = q_2 = \frac{(a-c)(1-\gamma)}{3-2\gamma}$$

$$Q = \frac{(a-c)(1-\gamma)}{3-2\gamma}; \qquad P = \frac{a+2c(1-\gamma)}{3-2\gamma}$$

Note-se que para $\gamma = 0$ se recupera o equilíbrio de Cournot habitual. O preço de monopólio é dado por $P = (a-c)/2$, pelo que $\gamma = 1/2$ permite alcançar esse preço como equílibrio de mercado.

O efeito que está subjacente a este resultado é simples. O equilíbrio de Cournot leva a um preço de mercado inferior ao de monopólio porque cada empresa, ao decidir a sua produção, ignora o efeito (negativo) exercido sobre os lucros das restantes empresas. Ao realizar-se a troca de participações, cada empresa passa a internalizar parte do efeito negativo sobre as restantes, pois se estas tiverem menor lucro, a sua participação vale menos. A situação de monopólio dá igual valor aos lucros de todas as empresas, e a troca equitativa de participações leva exactamente a esse efeito:

na margem, o lucro da empresa i vale tanto como o lucro da empresa j para o decisor da empresa i. Assim, não surpreende que o resultado seja idêntico de total coordenação entre empresas[6].

■ **6.8** A percentagem do custo de um automóvel que corresponde a peças ou partes compradas a empresas fornecedoras independentes é de 70% no Japão, 50% em França e 30% na General Motors.

a) Quais os factores que influenciam o grau de integração vertical, em geral e no caso da indústria automóvel?

b) Verifica-se actualmente uma tendência para a concentração das empresas fornecedoras em poucas empresas de grande dimensão. Qual o efeito previsível desta tendência no tipo de relacionamento entre os produtores de automóveis e os seus fornecedores?

Resolução:

a) A importância das oportunidades de comportamento oportunístico e dos investimentos específicos à relação que são realizados pelas partes envolvidas. O grau de especificidade dos activos, bem como a existência de utilizações alternativas, influem na decisão de integração vertical.

b) A concentração das empresas fornecedoras resulta no aumento das oportunidades de comportamento estratégico na relação. Aumenta, provavelmente, a importância das distorções associadas à realização de investimentos específicos e comportamento oportunístico. Em consequência, deverão surgir mais frequentemente casos de integração vertical e de realização de contratos de longo prazo entre os produtores de automóveis e seus fornecedores, como

---

[6]Veja-se Joseph Farrell e Carl Shapiro, "Asset Ownership and Market Structure in Oligopoly", *Rand Journal of Economics*, **2**: 275–292, 1996. Consulte-se igualmente Yi, Sang-Seung, "Asset Ownership and Market Structure in Oligopoly: Further Results", *Economics Letters*, **50**: 437–442, 1996.

forma de mitigar as distorções resultantes de comportamento estratégico na relação[7].

■ **6.9*** Uma grande parte das operações de entrada dá-se por aquisição de empresas já existentes. M. Porter, por exemplo, estima que, para uma determinada amostra de 3.788 operações de entrada, cerca de 70% corresponderam a operações de aquisição.

R. Caves e S. Mehra, com base numa análise de regressão, concluem que a entrada por aquisição é mais provável em sectores mais concentrados. Apresente um argumento formal que justifique esta observação. Sugestão: considere um oligopólio de Cournot com n empresas simétricas. Determine o máximo que um entrante estaria disposto a pagar por uma das empresas existentes, sabendo que a alternativa consistiria em entrar com uma nova empresa. Determine também o mínimo que uma das empresas instaladas exigiria pela empresa, sabendo que a alternativa seria acomodar a entrada de uma nova empresa. Mostre que a diferença entre estes dois valores é maior quando a concentração é maior[8]. Que outros factores esperaria que influíssem na decisão de comprar por oposição a construir?

Resolução:

O valor máximo oferecido por uma empresa candidata à entrada na aquisição de uma empresa já existente é $\pi(n)$. Por outro lado,

---

[7]Para aprofundamento deste tema, veja-se Oliver Hart, *Firms, Contracts, and Financial Structure*, Oxford: Clarendon Press, 1995. Para uma análise empírica, veja-se Benjamin Klein, "Vertical Integration as Organizational Ownership: the Fisher-Body-General Motors Relationship Revisited,"*Journal of Law Economics and Organization, 1988*, coligido em Scott Masten, editor, *Case Studies in Contracting and Organization*, Oxford University Press, 1996.

[8]Este exercício é adaptado da análise de Richard J. Gilbert e David M. Newbery, "Alternative Entry Paths: The Build or Buy Decision", *Journal of Economics and Management Strategy* **1** (1992), 129-150. Aí também se encontram as referências bibliográficas acima indicadas.

o preço mínimo que uma empresa instalada exige, sabendo que, se não aceitar esse preço, a empresa candidata à entrada decide produzir de forma independente, é $\pi(n+1)$. O valor $\pi(x)$ representa o lucro de cada empresa num oligopólio simétrico de Cournot com x empresas activas no mercado.

Como $\pi(n) > \pi(n+1)$, existe uma margem para as empresas estabelecerem um preço tal que se verifique entrada por aquisição. O preço de venda estará mais próximo de um ou de outro valor consoante o poder negocial das partes. Nas condições de oligopólio simétrico de Cournot, o índice de Herfindahl tem o valor $H = 1/n$, pelo que a questão que se coloca é saber se a diferença $\pi(n) - \pi(n+1)$ é maior quando n é menor (maior concentração). Ou seja, pretende-se que

$$\pi(n) - \pi(n+1) > \pi(n+1) - \pi(n+2) \qquad (6.9.1)$$

Ora, esta condição verifica-se se a função lucro de equilíbrio for convexa no número de empresas (relembre-se que a função lucro é decrescente no número de empresas no mercado). Esta condição é satisfeita num oligopólio linear, por exemplo.

Este resultado significa a entrada por aquisição e é uma opção que surgirá mais facilmente no caso de indústrias mais concentradas, pois neste caso a perda de lucros decorrente da entrada por aumento de capacidade na indústria é maior do que em indústrias pouco concentradas.

Outros factores que podem influenciar a decisão de entrada por aquisição *versus* entrada *de novo* são a possível existência de economias de escala e a existência de diferenciação do produto.

Capítulo 7

Discriminação de preços

■ **7.1*** O custo de assinatura da revista *Econometrica* para o ano de 1989 era o seguinte:

- Subscritores individuais nos EUA, Canadá, Europa, Japão, Austrália e Nova Zelândia: US$52;

- Subscritores individuais em países com rendimento *per capita* inferior a US$500: US$22;

- Subscritores de outros países: US$70;

- Instituições nos EUA, Canadá, Europa, Japão, Austrália, e Nova Zelândia: US$102;

- Instituições noutros países: US$70;

- Estudantes: US$22.

a) Determine o valor relativo de elasticidade-preço de cada segmento da procura, supondo que a Sociedade Econométrica procura maximizar o lucro.

b) Entre 1974 e 1987, o custo de assinatura variou aproximadamente a par do índice geral de preços. No entanto, o custo médio de cada número da revista baixou drasticamente em termos reais. Segundo o tesoureiro da Sociedade Econométrica, o custo nominal de composição e impressão de uma página da revista evoluiu da seguinte forma: 1975, $47.50; 1981, $55.73; 1987, $50.23 (*vd. Econometrica* **57** (1989), p. 212). Neste período, o deflactor do PNB americano subiu 98.1%. Parece-lhe que estes valores contradizem a hipótese de maximização do lucro? Porquê? Como altera a sua resposta, sabendo que o número total de subscritores não variou substancialmente entre 1974 e 1987?

c) Sabe-se que o preço de assinatura dos estudantes é aproximadamente igual ao custo marginal, embora a elasticidade procura-preço não seja muito elevada. Como se justifica esta política, supondo que se pretende maximizar o lucro?

Na realidade, os objectivos da Sociedade Econométrica são "promover o avanço da teoria económica em aspectos relacionados com a estatística e a matemática." Indique qual a política de preços que melhor se ajusta a estes objectivos.

Resolução:

a) Um monopolista discriminador que seja maximizador do lucro segue a seguinte regra (para igual custo marginal de produção para cada um dos mercados):

$$p_1\left(1 - \frac{1}{\varepsilon_1}\right) = p_2\left(1 - \frac{1}{\varepsilon_2}\right) \qquad (7.1.1)$$

Tome-se como base de comparação os estudantes, e considere-se que, no caso dos estudantes, não há poder de mercado:

$$\eta = \frac{\varepsilon_1 - 1}{\varepsilon_1} = 1 \qquad (7.1.2)$$

Então, $\varepsilon_2 = 1/(1 - p_1/p_2)$ e resulta o seguinte quadro:

Grupo	Elasticidade
Subscritores individuais	1.70
Subscritores em países com menos de $500	1.00
Subscritores de outros países	1.45
Instituições	1.28
Instituições noutros países	1.45

b) Se a elasticidade fosse constante, então

$$\frac{dP}{P} = \frac{\varepsilon}{\varepsilon - 1} \frac{dC}{C} \qquad (7.1.3)$$

pelo que a evolução dos preços deveria seguir a evolução dos custos (pelo menos em sinal). Os resultados não correspondem assim a este modelo simples de maximização do lucro.

Se o número de assinantes não variou muito, significa apenas que as decisões deles se mantiveram coerentes com o preço relativo (face ao índice geral de preços) da revista. Mantém-se a ideia de que a revista não procurou maximizar o lucro.

c) Provavelmente, a ideia foi a de construir um *stock* de consumidores a um preço baixo hoje, que devido à criação de hábito manterão o "consumo" e a assinatura da revista quando deixarem de ser estudantes. O menor lucro hoje será compensado por maior lucro amanhã.

d) Para este objectivo, e tendo como único instrumento a revista, a política seria a de maximização das vendas, o que seria obtido oferecendo a revista. Uma vez que existem restrições orçamentais, na ausência de patrocinadores, devia ser cobrado um preço idêntico ao custo marginal (acrescido do custo de transporte relevante no caso de assinantes estrangeiros), ajustado de um factor relacionado com a elasticidade da procura (os chamados "preços de Ramsey"). Neste caso, as procuras com menor elasticidade deviam pagar um preço superior.

■ **7.2** No ano de 2018, depois de várias épocas lutando pela permanência na Primeira Divisão, o Belenenses voltou aos velhos tempos de glória. Estando próximo o jogo da meia-final da Taça dos Campeões Europeus, o director de *marketing* do clube procedeu a um estudo que indica uma procura de bilhetes dada por $Q = 200 - 10P$, onde Q é a quantidade procurada (milhares de bilhetes) e P o preço de cada bilhete (milhares de escudos de 1990). Depois da recente remodelação em 2016, o famoso estádio do Restelo tem agora capacidade para 150 mil espectadores.

a) Determine o preço do bilhete que maximiza o lucro do clube.

b) O *Canal 5/Desporto* propôs ao Belenenses a compra dos direitos de transmissão em directo do jogo. Estima-se que tal implique um decréscimo para metade dos espectadores no estádio. Calcule a nova solução óptima. Justifique. Qual o valor mínimo que o clube deverá exigir pela transmissão do jogo?

Um desastre ocorrido duas semanas antes do jogo (a queda da cobertura da bancada norte) implica que a capacidade do estádio seja temporariamente de apenas 50 mil lugares. Determine a nova solução óptima, sabendo que não se chegou a um acordo entre o clube e o *Canal 5/Desporto*.

Resolução:

a) Considere-se custo marginal nulo (ou negligenciável). É então imediato estabelecer que os valores de equilíbrio são:

$$P = 10; \quad Q = 100; \quad \Pi = 1000 \qquad (7.2.1)$$

b) Neste caso, a função lucro do clube é:

$$\Pi = (100 - 5P)P \qquad (7.2.2)$$

o que origina como solução,

$$P = 10; \quad Q = 50; \quad \Pi = 500 \qquad (7.2.3)$$

O preço da transmissão deve ser 500.

c) Com um limite de capacidade em 50, como a solução óptima é $Q = 100$, a restrição de capacidade é activa, e o preço associado é $P = 15$. O lucro obtido é $\Pi = 15 \times 50 = 750$.

■ **7.3** Os passageiros do Metropolitano de determinada cidade dividem-se em dois grupos: passageiros muito frequentes e passageiros pouco frequentes. A curva de procura *individua* de cada passageiro pouco frequente é dada por $D_1 = S_1(a-P)$, onde D_1 é o número de viagens por ano e P o preço de cada bilhete; a curva de procura de um passageiro frequente é dada por $D_2 = S_2(a-P)$, onde $S_2 > S_1$. Sejam ainda n_1 e n_2 o número de passageiros pouco e muito frequentes, respectivamente. Suponha que o custo de transporte de um passageiro adicional é nulo (a capacidade dos comboios é superior ao número total de passageiros).

a) Determine o preço único óptimo de um bilhete.

b) Mostre que a criação de um "passe" pode aumentar o lucro da empresa do Metropolitano.

Resolução:

a) A procura total é $n_1 D_1 + n_2 D_2$. Para estabelecer o preço uniforme óptimo, a empresa vai maximizar o lucro com base na curva de procura agregada.

$$\max_{P} \Pi = (P-c)[n_1 S_1(a-P) + n_2 S_2(a-P)] \qquad (7.3.1)$$

A resolução da condição de primeira ordem (fazendo $c = 0$) origina:

$$P = a/2; \qquad Q = a/2(n_1 S_1 + n_2 S_2); \qquad \Pi = \frac{a^2}{4}(n_1 S_1 + n_2 S_2) \qquad (7.3.2)$$

b) O passe dá direito, contra um pagamento fixo, a fazer um número de viagens indeterminado a preço nulo. O preço anterior pode manter-se (é fácil verificar que continua a ser um preço que dá lucro positivo, mesmo que apenas um subconjunto de consumidores pague o preço de cada viagem).

Seja $W_i(P)$ o excedente (bruto) do consumidor de tipo i quando o preço por viagem é P. Com passe, sabe-se que $W_i(0) > W_i(P)$, ainda antes de incorporar na decisão o preço do passe. Ora, o máximo que cada grupo está disposto a pagar pelo passe é $\Delta_i = W_i(0) - W_i(P) + D_i P$. No caso em apreço, $\Delta_2 > \Delta_1$.

As escolhas possíveis para a empresa são:

- escolher preço do passe $T = \Delta_2$. Neste caso, apenas os consumidores de tipo 2 optam por comprar passe. Como pagam mais do que as receitas anteriores, e os indivíduos de tipo 1 dão exactamente a mesma receita, o lucro da empresa aumenta.

- escolher preço do passe $T = \Delta_1$. Neste caso, todos compram o passe, e por construção, a empresa recebe mais em passes do que recebia antes em bilhetes.

A intuição subjacente a este exercício é que a empresa, ao criar o passe, permite aos consumidores obterem o bem ao custo marginal (que é a situação que gera maior excedente total), indo buscar a sua parte do aumento de excedente social através de uma transferência *lump-sum*, o preço do passe. Ou seja, a criação do passe pode aumentar o lucro da empresa. Note-se que não se derivou a estratégia óptima de preços, apenas se mostrou que a criação de passe pode originar lucros superiores por funcionar como forma de discriminação entre consumidores[1].

---

[1] Para uma descrição da metodologia de cálculo da estratégia óptima de preços, veja-se Jean Tirole, *Theory of Industrial Organization*, The MIT Press, Cambridge, MA., 1988.

■ **7.4** Foram apurados na companhia de aviação X dados respeitantes à procura de bilhetes, constantes do Quadro 7.1, onde:

Quadro 7.1: Procura de bilhetes de transporte aéreo

d	p_1	p_2	d_1	d_2	d	p_1	p_2	d_1	d_2
1	100	100	112	37	0	90	90	190	7
1	80	80	122	69	1	90	90	98	69
0	90	80	197	15	1	100	100	102	39
0	95	85	215	5	1	90	90	119	68
0	80	80	212	35	1	80	80	120	72
0	65	65	225	55	0	150	70	188	42
1	160	60	78	90	1	100	70	117	93
0	110	70	199	49	0	150	80	182	29
0	140	70	192	51	1	140	70	95	89
1	120	80	102	86	0	120	70	192	38
1	120	85	101	37	1	100	55	119	112
1	90	55	117	85	0	85	50	202	83
0	95	50	212	59	1	90	40	124	138
0	100	45	203	82	1	120	80	104	67
0	130	85	190	14	1	140	90	83	48

d: Variável "dummy": $d = 0$ em dias de semana, $d = 1$ nos fins-de-semana;
p_1: Tarifa 1;
p_2: Tarifa 2;
d_1: Número de passageiros na Classe 1;
d_2: Número de passageiros na Classe 2.

O transporte na ligação aérea a que respeitam estes dados tem sido assegurado por um *Boeing 747* com capacidade para 450 passageiros. Supõe-se que as procuras, segundo cada uma das tarifas, são independentes e que o custo marginal de transportar um passageiro adicional é nulo (desde que o avião não esteja completo, evidentemente).

a) Estime a função procura de cada um dos segmentos de mercado.

b) Determine os preços óptimos a fixar em cada um dos segmentos, quer em dias de semana, quer nos fins-de-semana.

Suponha que a companhia passa a utilizar um *Airbus 320-200*, com capacidade para apenas 150 passageiros. Como alteraria a resposta da alínea anterior?

Resolução:

Estimaram-se quatro funções procura: uma para cada tipo de classe e dividindo em dias de semana e fins-de-semana (foram realizados testes estatísticos de igualdade de coeficientes para os dois períodos, para cada tipo de classe, tendo sido claramente rejeitados).

As relações estimadas foram consideradas lineares:

$$\begin{aligned} d_1(d=0) &= \alpha_0 + \alpha_2\, p_1 \\ d_1(d=1) &= \alpha_1 + \alpha_3\, p_1 \\ d_2(d=0) &= \beta_0 + \beta_2\, p_2 \\ d_2(d=0) &= \beta_1 + \beta_3\, p_2 \end{aligned}$$

tendo originado os seguintes resultados:

$$\begin{aligned} d_1(d=0) &= 163.11 - 0.521\, p_1 \\ d_1(d=1) &= 239.12 - 0.365\, p_1 \\ d_2(d=0) &= 180.45 - 1.456\, p_2 \\ d_2(d=0) &= 159 - 1.679\, p_2 \end{aligned}$$

b) O preço óptimo em cada mercado é:

$$p_1(d=0) = 163.11/(2 \times 0.521) = 156.53$$
$$p_1(d=1) = 239.12/(2 \times 0.365) = 327.56$$
$$p_2(d=0) = 180.45/(2 \times 1.456) = 61.97$$
$$p_2(d=0) = 159/(2 \times 1.679) = 47.35$$

c) Para os preços acima determinados, é fácil verificar que a capacidade de 450 passageiros nunca é ultrapassada para os preços óptimos fixados. Excede contudo, em ambos os períodos da semana, os 150 lugares. Em cada um dos períodos, o problema de determinação do preço óptimo é então:

$$\max_{\{p_1,p_2\}} \Pi = p_1 D(p_1) + p_2 D(p_2) \text{ s.a. } D_1(p_1) + D_2(p_2) \leq 150 \quad (7.4.1)$$

A restrição é activa, e os preços óptimos são:

$$p_1(d=0) = 169; \quad p_1(d=1) = 350.90$$
$$p_2(d=0) = 76.55; \quad p_2(d=0) = 71.22$$

Como é natural, os preços todos subiram como forma de racionar a procura para a capacidade do avião. Isto é, para os preços anteriores, sendo a procura superior à capacidade do avião, a empresa pode aumentar os preços e ainda assim ter exactamente a mesma "produção"(número de passageiros).

■ **7.5*** A colecção de arte do barão Thyssen-Bornemiza é considerada uma das mais valiosas do mundo, talvez apenas inferior em relação à da rainha Isabel de Inglaterra. Segundo vários informadores, está iminente a compra desta colecção por parte do Estado espanhol. Segundo rumores, o preço a pagar seria de 400 milhões de dólares. Este valor representa uma fracção muito baixa dos valores a que já foi avaliada a colecção (entre 2 e 5 biliões).

No entanto, segundo Rodrigo Uria, o advogado do Governo espanhol encarregado das negociações, "a colecção não tem valor de mercado, porque se fosse lançada no mercado levaria ao colapso deste." (*International Herald Tribune*, 1 de Março de 1993.)

a) Explique a diferença entre valor social e valor de mercado, nomeadamente no caso acima considerado.

b) Em que condições, ou sob que hipóteses, faz sentido o comentário de Rodrigo Uria? Ou, por outras palavras: será a venda por 400 milhões um mau negócio para o barão Thyssen-Bornemiza?

Resolução:

a) O conjunto de obras em conjunto pode ter um valor de representação de identidade cultural que cada uma delas por separado não possui, e que não é apropriável por privados. Neste sentido, o valor social é superior ao de mercado.

b) A existência de restrições financeiras por parte dos compradores caso a colecção seja oferecida à venda como um único bloco, por um lado, e o menor valor de uma venda peça a peça, justificam o comentário de Rodrigo Uria. A venda não é necessariamente um mau negócio.

■ **7.6*** Considere um monopolista que vende determinado bem durável por um período de tempo indefinido. Em cada período, surgem dois novos consumidores, um do tipo 1 e um do tipo 2. As valorizações máximas e os factores de desconto de cada tipo de consumidores são dados por $v_1 = 3$, $v_2 = 1$, $d_1 = 0$ e $d_2 = 1$. O custo de produção é nulo e o factor de desconto do monopolista é $d_0 = 0.5$.

a) Determine a estratégia de preços óptima, dado que se pretende fixar um ciclo de T períodos. Determine o lucro do monopolista, dada esta estratégia.

b) Determine o valor óptimo de T. (Nota: a solução analítica deste problema não é possível; utilize métodos numéricos.)

c) Suponha que o factor de desconto do monopolista é dado por $d_0 = 0.75$. Qual a nova solução óptima? Comente.

d) Suponha que em cada período surgem três consumidores, um do tipo 1 e dois do tipo 2. Qual a nova solução óptima? Comente.

Resolução:

a) Os consumidores do tipo 1 são muito impacientes: ou consomem o bem nesse momento ou o consumo desse bem deixa de ter qualquer valor. Os consumidores do tipo 2, por outro lado, são "muito pacientes". Esperar por um período futuro para consumir o bem não altera a sua valorização do mesmo. Se existirem saldos, o consumidor do tipo 2 esperará até ao momento em que o preço baixe. Assim, no período de saldo $p(T) = 1$, pois este constitui o preço máximo que o monopolista poderá cobrar se quiser vender o bem aos consumidores do tipo 2. Nos restantes períodos, o preço deve ser tal que os consumidores do tipo 1 prefiram comprar o bem nesse período a esperar pelo próximo período. Dado que o factor de desconto é zero para este tipo de consumidores, o valor atribuído ao consumo num outro período é zero, pelo que o monopolista pode cobrar $p(t) = 4, t < T$.

O lucro do monopolista é então, em cada período, dado por

- período 1, $p(1) \times 1 = 3$
- período 2, $p(2) \times 1 = 3$
- ...
- período $T-1, p(T-1) \times 1 = 3$
- período $T, p(T) \times (T+1) = T+1$

Note-se que os consumidores do tipo 2 esperam até T e vão-se acumulando, criando um *stock* de consumidores potenciais do bem. O lucro descontado do monopolista é

$$\begin{aligned} \pi &= 3 + d_0 3 + 3d_o^2 + \ldots + d_0^{T-2} 3 + d_0^{T-1}(T+1) \quad (7.6.1) \\ &= 3\frac{1 - d_0^{T-2}}{1 - d_0} + d_0^{T-1}(T+1) \end{aligned}$$

b) O problema é então

$$\max_T \Pi(T) = \sum_{t=0}^{\infty} \pi(T) d_0^T = 3\frac{a - d_0^{T-2}}{1 - d_0} + d_0^{T-1}(T+1) \quad (7.6.2)$$

Para um valor T^* ser o ciclo óptimo é necessário que $\Pi(T^*) - \Pi(T^* - 1) \geq 0$ e $\Pi(T^* + 1) - \Pi(T) < 0$. Isto é, o ganho de aumentar em um período o ciclo é negativo e o ganho de diminuir em um período o ciclo óptimo é não positivo. Para $d_0 = 0.5$, $T = 9$.

c) O novo valor de equilíbrio para o período de saldo é $T = 9$. O aumento da taxa de desconto não foi suficiente para induzir uma alteração do ciclo óptimo. Em geral, se aumenta a taxa de desconto do monopolista, tal significa que ele passa a valorizar mais os lucros futuros, pelo que a perda de lucros em que se incorre para captar os clientes de tipo 1 passa a ser valorizada de modo diferente. O alongar do período surge naturalmente, pois o valor atribuído a esperar mais um período antes de aliciar os clientes do tipo 2 aumentou.

d) Com dois consumidores do tipo 2 por período, o valor de adiar o saldo diminuiu, pois o *stock* de consumidores que espera pelos saldos aumenta mais rapidamente do que antes. O número de consumidores em período de saldo T é dado por $(2T+1)$. O lucro do monopolista é neste caso dado por

$$\Pi(T) = 3\frac{1 - d_0^{T-2}}{1 - d_0} + d_0^{T-1}(2T + 1) \qquad (7.6.3)$$

Para um valor de $d_0 = 0.5$, vem $T = 5$. Como seria de esperar, o ciclo óptimo para os saldos diminui.

Capítulo 8

Diferenciação do produto

■ **8.1** Vinte e cinco lojas vendem determinado produto homogéneo na mesma área comercial. Dos 1000 consumidores potenciais, 500 compram o produto na primeira loja que encontram, até um preço máximo de 7000 esc. Os restantes informam-se sobre os preços em todas as lojas e escolhem depois o preço mais baixo. Todas as lojas têm igual probabilidade de receber cada um dos clientes. O custo de produção é de 2500 esc. e a capacidade de cada loja 45 unidades. (Suponha que clientes não satisfeitos com o preço mais baixo encontrado não realizam qualquer compra.)

a) Mostre que, em equilíbrio, existem no máximo dois preços diferentes.

b) Mostre que, a existirem dois preços de equilíbrio, o maior é 7000 esc.

c) Mostre que constitui um equilíbrio de Nash cinco empresas fixarem um preço igual a 7000 esc. e as restantes 20 um preço igual a 4500 esc.

Resolução:

a) Só vão subsistir no mercado lojas que tenham preço máximo ou preço mínimo. Estabelecer um preço médio não pode constituir uma situação de equilíbrio, porque as empresas poderiam sempre vender mais caro que esse preço médio aos consumidores que compram na primeira loja visitada.

Aos consumidores que compram o produto na primeira loja, até um preço máximo, pode ser cobrado esse preço máximo. Os restantes consumidores compram na loja que pratica o preço mais baixo depois de visitarem todas as lojas. Para ganhar estes consumidores, as empresas competem em preços, enquanto que para ganhar os primeiros consumidores apenas conta a "sorte".

Para provar de uma forma mais rigorosa que não podem existir mais de dois preços em equilíbrio, considere-se que se estabeleciam três preços em equilíbrio: $p_1 > p_2 > p_3$, praticados por outros tantos grupos de empresas.

Os consumidores que vão a todas as lojas e decidem depois em que loja comprar serão denominados consumidores "informados".

Para as empresas com preços intermédios, p_2, o lucro é dado por

$$\pi_2 = \frac{500}{25}(p_2 - 2500) \qquad (8.1.1)$$

e como a quantidade vendida não depende do preço praticado, as empresas poderiam aumentar o seu preço sem verem a sua quantidade vendida diminuída. O preço p_2 não pode então ser um preço de equilíbrio, pois as empresas teriam possibilidade de conseguir um maior lucro aumentando o preço.

Note-se que, devido à hipótese de que os "clientes não satisfeitos com o preço mais baixo encontrado não realizam qualquer compra", poderá haver consumidores informados que não compram o bem.

Capítulo 8. Diferenciação do produto

A intuição para que existam apenas dois preços em equilíbrio é simples: se todas as empresas praticarem o preço baixo, elas estarão em certo sentido a "desperdiçar" a elevada disposição para pagar da metade dos consumidores que compra na primeira loja em que entra. Dada a existência de limites de capacidade e de distribuição aleatória de consumidores por lojas, pode valer a pena ter um preço elevado para explorar os consumidores que não procuram o preço mais baixo.

É também interessante notar que a existência de um grupo de consumidores informados beneficia alguns consumidores que compram na primeira loja em que entram, pois algumas lojas irão dispor de preços baixos e outras de preços elevados (que seria o preço de equilíbrio se não existissem consumidores informados no mercado).

b) O preço máximo nunca pode exceder 7000 esc., pois acima desse preço os consumidores não realizam qualquer compra. Por outro lado, uma empresa que não procure ter como clientes consumidores informados pode estabelecer o preço de 7000 esc. sem perder consumidores não informados, pois estes distribuem-se aleatoriamente pelas lojas e mesmo a esse preço estão dispostos a adquirir o bem.

c) Considere-se o seguinte perfil de estratégias para as empresas: cinco empresas cobram um preço $p_1 = 7000$ esc.; 20 empresas cobram um preço $p_2 = 4500$ esc.;

Para concluir que este perfil de preços constitui um equilíbrio de Nash é necessário verificar que nenhuma das empresas tem interesse em alterar o preço que pratica dadas as estratégias de preços das outras empresas.

Os lucros de cada uma das empresas são:

$$\pi_1 = \frac{500}{25}(7000 - 2500) = 90\,000$$

$$\pi_2 = \frac{500}{20}(4500 - 2500) + \frac{500}{20}(4500 - 2500) = 90\,000$$

Os consumidores que procuram o preço mais baixo distribuem-se aleatoriamente e com igual probabilidade entre as empresas com preço baixo, significando que cada uma delas espera receber um número de consumidores informados igual a $500/20 = 25$. Por outro lado, cada uma das 25 lojas espera receber o mesmo número de consumidores que compram na primeira loja em que entram, e esse número é igual a $20 = 500/25$.

Quer para as empresas com preço baixo, quer para as empresas com preço alto, a capacidade disponível não é excedida. Repare-se também que as empresas estão indiferentes perante praticar cada um dos preços numa situação de equilíbrio.

Vejamos então o que sucede quando cada uma das empresas se desvia da sua posição de equilíbrio. Para as empresas com preço alto, a única possibilidade de desvio ao preço de equilíbrio é baixar o preço. Só vale a pena baixar o preço se a empresa conseguir capturar consumidores informados. Suponhamos que a empresa baixava o preço para um valor inferior a 4500 esc. mas muito próximo desse valor, isto é, $p' = 4500 - \varepsilon$. O seu lucro seria

$$\pi_1' = (4500 - \varepsilon - 2500)45 = 90\,000 - 45\varepsilon < 90\,000$$

A empresa esgota a sua capacidade, pois passa a ter o preço mais baixo e todos os consumidores informados se dirigem à empresa. Daqui resulta que a empresa nada ganha em estabelecer um preço inferior ao preço mais baixo actualmente praticado no mercado. Se estabelecer um preço igual a 4500 esc., a empresa tem de dividir a procura de consumidores informados com as restantes empresas que já praticavam preços baixos. O seu lucro é

$$\pi_1'' = \frac{500}{21}(4500 - 2500) + \frac{500}{25}(4500 - 2500) < 90\,000$$

Daqui se conclui que não existe qualquer ganho para uma empresa que pratique um preço alto em praticar um preço mais baixo.

No que respeita às empresas com preço baixo, repare-se em primeiro lugar que a sua capacidade está a ser utilizada na totalidade. Baixar o preço não traria qualquer vantagem para a empresa, pois não poderia vender mais. Resta então averiguar se a empresa teria interesse em aumentar o preço praticado. Um aumento unilateral do seu preço implica perder todos os consumidores informados que se dirigiam à empresa. Surge o problema de nem todos os consumidores informados irem ser satisfeitos pelas empresas de preço baixo devido às restrições de capacidade existentes. A hipótese de que os "clientes não satisfeitos com o preço mais baixo encontrado não realizam qualquer compra"é aqui relevante, pois implica que os consumidores informados antes servidos pela empresa que subiu o preço deixam de comprar o bem. Significa isto que o lucro máximo que uma empresa de preço baixo pode realizar se se desviar do seu preço de equilíbrio é

$$\pi_2' = (7000 - 2500)\frac{500}{25} = 90\,000$$

que é exactamente o lucro que realiza na sua estratégia de equilíbrio. Assim, e se para desviar, a empresa precisa de ficar estritamente melhor, sob as hipóteses formuladas o equilíbrio de Nash é estável.

■ **8.2*** Derive as condições (8.6–8.8) (ver Capítulo 8, Luís Cabral, *Economia Industrial*). Mostre que estas são as condições necessárias e suficientes para o equilíbrio em questão.

Resolução:

Uma percentagem α dos consumidores não tem quaisquer custos de obter informação sobre os preços. Estes consumidores compram sempre à empresa que praticar o preço mais baixo. Suponha-se ainda que cada loja tem uma capacidade máxima, K.

Vejamos então que tipo de equilíbrio pode resultar. Suponha-se que $p = u$ para todas as empresas. O lucro de cada empresa é:

$$\Pi_0 = uL/n \tag{8.2.1}$$

Suponha-se agora que uma empresa desvia deste ponto para um preço mais baixo. O seu lucro é:

$$\Pi_1 = p\left[L\alpha + (1-\alpha)\frac{L}{n}\right] \tag{8.2.2}$$

Como p pode ser próximo de u, $\Pi_0 < \Pi_1$, $p = u$ não é sustentável para todas as empresas. Note-se que para p próximo de u os indivíduos não informados não têm interesse em pagar v para se tornarem informados.

Suponhamos então que todas as empresas se fixam num outro preço candidato a equilíbrio. Se fixarem um preço $p < u$, o seu lucro é

$$\Pi_2 = p\frac{L}{n} \tag{8.2.3}$$

(uma vez que todas fixam o mesmo preço, dividem a procura), que é inferior a Π_0.

Logo, não existe um equilíbrio em que todas as empresas cobrem o mesmo preço. Restam duas hipóteses: ou não há equilíbrio, ou em equilíbrio existe mais do que um preço.

Vamos verificar que é esta a última situação que ocorre. Qual a lógica? Desde que haja um conjunto de consumidores não informados, cada empresa tem uma procura aleatória, $(1-\alpha)L/n$, que não é sensível ao preço praticado. Assim, pode ser preferível para uma empresa concentrar-se nesta procura e praticar um preço elevado. Nestas condições, se existir mais do que um preço em equilíbrio, um desses preços é $p = u$.

Considere-se então que m empresas fixam um preço baixo p e as restantes $n - m$ empresas fixam um preço elevado, u.

As m empresas de preço baixo dividem entre si a procura dos consumidores informados. Cada uma das empresas recebe $\alpha L/m$ consumidores. O lucro de cada uma é:

$$\Pi = p \left(\frac{\alpha L}{m} + \frac{(1-\alpha)L}{n} \right) \qquad (8.2.4)$$

e tem de ser superior ao lucro decorrente da prática de um preço elevado:

$$\Pi = \frac{u(1-\alpha)L}{n} \leq p \left(\frac{\alpha L}{m} + \frac{(1-\alpha)L}{n} \right) \qquad (8.2.5)$$

Por outro lado, para ser equilíbrio, nenhuma das empresas com preço elevado pode querer desviar:

$$\frac{u(1-\alpha)L}{n} \geq p \left(\frac{\alpha L}{m+1} + \frac{(1-\alpha)L}{n} \right) \qquad (8.2.6)$$

Sendo que m empresas estabelecem um preço baixo, cada uma tem interesse em ir baixando o preço cada vez mais para não ter de dividir a procura dos consumidores informados (concorrência de Bertrand para atrair consumidores informados). O processo só pára quando as empresas não tiverem mais vantagem em baixar o preço, o que acontece quando, mesmo dividindo a procura, a empresa esgota a sua capacidade.

Logo, uma outra condição de equilíbrio é:

$$\frac{\alpha L}{m} + \frac{(1-\alpha)L}{n} = K \qquad (8.2.7)$$

(esta condição determina o valor de m admissível dado um nível de capacidade K, enquanto as desigualdades anteriores limitam o preço baixo que pode ser praticado).

Há ainda mais uma condição a ser satisfeita: os consumidores não informados não querem procurar informação:

$$v + p > \frac{n-m}{n} u + \frac{m}{n} p \qquad \text{ou} \qquad v > \frac{n-m}{n}(u-p). \qquad (8.2.8)$$

Tabela 8.1: Águas minerais portuguesas

Empresa	Vendas (10^6 l)	(10^6\$)
Luso	105.5	752
Carvalhelhos	20.0	8 612
Pedras Salgadas	16.2	467
Fastio	14.7	322
Vimeiro	9.4	263
Pizões	8.8	244
Vidago Salus	7.8	135
Monchique	7.0	100
Mealhada	6.1	97
Vitalis	3.3	93
Campilho	2.5	59

■ **8.3** Num trabalho sobre águas minerais portuguesas, apresentam-se as empresas que constituem o ramo (cfr. Quadro 8.1). Os valores relativos a *Melgaço* e *Cambres* são irrelevantes. Acha que o produto é homogéneo? Justifique a resposta.

(Exercício elaborado por J. M. Amado da Silva.)

Resolução:

Em primeiro lugar, repare-se que o mercado considerado é o de águas minerais naturais, não se tendo em conta o outro segmento principal do mercado de água engarrafada, as águas de nascente.

Pela análise dos preços médios de cada empresa (veja-se o quadro infra), podemos inferir que existem dois grupos de preços, dentro dos quais a variação não é muito elevada (podendo ser atribuída aos custos de diferentes embalagens, utilizadas em proporções diferentes pelas várias empresas). Assim, o produto encontra-se diferenciado em duas grandes categorias, sendo relativamente homogéneo dentro de cada uma delas.

Empresa	Preço médio	Empresa	Preço médio
1*	7.1	7	17.3
2	29.4	8	14.3
3	28.8	9	15.9
4	21.9	10	28.2
5	28.0	11	23.6
6	27.7		

* Valor anormalmente baixo.
Levanta reservas sobre a sua validade.

■ **8.4** Considere o modelo de produto diferenciado de Hotelling. Uma população de N consumidores potenciais distribui-se uniformemente ao longo de um segmento de comprimento 1000 m. Um vendedor encontra-se a 250 m de um extremo do segmento e o outro a 250 m do outro extremo. O custo de transporte de cada consumidor é de t esc./m.

a) Determine a procura residual do vendedor 1 dado o preço fixado pelo vendedor 2. (Sugestão: calcule a posição do consumidor indiferente c. A procura do vendedor 1 consiste em todos os consumidores a oeste de c.)

b) Calcule a elasticidade procura-preço ao longo desta procura.

c) Como varia a elasticidade em função do custo de transporte? Interprete o resultado.

Resolução:

Para simplificação da apresentação, considere-se que a localização passa a ser expressa em km e que o custo de transporte se encontra expresso em esc./km, mantendo a notação t. O segmento tem origem em 0, prolongando-se até 1 km (1000 metros). Sem perda de generalidade, normalize-se $N = 1$.

A utilidade do consumidor é

$$U = u - t(x - 0.25) - p_1 \text{ se comprar em A} \qquad (8.4.1)$$
$$U = u - t(0.75 - x) - p_2 \text{ se comprar em B} \qquad (8.4.2)$$

Para um consumidor com localização x comprar em A é necessário que $u - t(x - -0.25) - p_1 > u - t(0.75 - x) - p_2$.

A localização do consumidor indiferente entre comprar em A ou B é dada por

$$u - t(x - 0.25) - p_1 = u - t(0.75 - x) - p_2 \qquad (8.4.3)$$

ou

$$x = \frac{1}{2t}(t + p_2 - p_1) \qquad (8.4.4)$$

E todos os consumidores com uma localização mais próxima da origem comprarão à empresa A, pelo que a procura dirigida à empresa A é $Q = (t + p_2 - p_1)/2t$.

b) A elasticidade da procura é dada por

$$\varepsilon = \frac{\partial Q}{\partial p_1}\frac{p_1}{Q} = \frac{1}{2t}\frac{p_1}{Q} \qquad (8.4.5)$$

e

$$\frac{\partial \varepsilon}{\partial t} = -\frac{p_1}{(t + p_2 - p_1)^2} < 0 \qquad (8.4.6)$$

O resultado obtido é o de que se o custo de transporte aumentar, então a elasticidade da procura diminui. O poder de mercado dos vendedores aumenta, pois os consumidores têm maiores custos ao irem adquirir o bem à outra empresa.

■ **8.5** Suponha que o mercado de microcomputadores é um duopólio. O computador de cada empresa tem essencialmente as

Capítulo 8. Diferenciação do produto

mesmas capacidades que o da outra. No entanto, alguns consumidores estão mais habituados a um dos sistemas operativos, de tal forma que cada empresa disfruta de um certo poder de mercado. A procura dirigida à empresa i é $q_i = 200 - 4/15p_i + 1/15p_j$, $i, j = 1, 2, i \neq j$. O custo marginal é constante e igual a 2.

a) Calcule os lucros em situação de equilíbrio, partindo do princípio de que cada empresa fixa o seu preço.

b) Suponha que foi inventado um *interface* entre os dois computadores que essencialmente os torna melhores substitutos. Repita o cálculo da alínea anterior considerando as novas funções procura $q_i = 200 - 3/5p_i + 2/5p_j$. O que esperaria da estratégia das empresas nesta situação?

(Exercício elaborado por T. Bresnahan.)

Resolução:

a) O problema de maximização do lucro de cada empresa é

$$\max_{p_i} \pi_i = (p_i - c_i)q_i = (p_i - 2)(200 - \frac{4}{15}p_i + \frac{1}{15}p_j) \quad (8.5.1)$$

A condição de primeira ordem é dada por:

$$\frac{\partial \pi_i}{\partial p_i} = 200 - \frac{4}{15}p_i + \frac{1}{15}p_j - \frac{4}{15}(p_i - 2) = 0 \quad (8.5.2)$$

o que origina

$$p_i = (200 + \frac{1}{15}p_j + \frac{8}{15})\frac{15}{8}376 + \frac{1}{8}p_j \quad (8.5.3)$$

de onde resulta por simetria em equilíbrio $p_i = p_j$. Os valores são:

$$p = 429.71; \qquad \pi_2 = \pi_1 = 48\,783.75 \quad (8.5.4)$$

b) A expressão do lucro da empresa é agora

$$\pi_i = (p_i - 2)(200 - \frac{3}{5}p_i + \frac{2}{5}p_j) \quad (8.5.5)$$

A condição de primeira ordem respectiva é:

$$\frac{\partial \pi_i}{\partial p_i} = 200 - \frac{3}{5}p_i + \frac{2}{5}p_j - \frac{3}{5}(p_i - 2) = 0 \qquad (8.5.6)$$

utilizando novamente a simetria da solução, vem

$$p = (200 + 6/5)\frac{5}{3 - 2 + 3} = 251.5; \qquad \pi_1 = \pi_2 = 37\,369.17 \quad (8.5.7)$$

Sendo o produto mais substitutivo, as empresas deixam de ter tanto poder de monopólio sobre os consumidores. A repartição de consumidores entre as empresas será mais sensível às diferenças de preços que venham a existir entre elas. As empresas passam a ter um maior ganho no caso de baixarem o preço relativamente ao preço da empresa rival. Significa isto que as empresas fixarão em equilíbrio preços mais baixos. Traçando o equilíbrio no espaço das variáveis de decisão da empresa, p_1 e p_2, temos que as funções de reacção de cada uma das empresas se torna mais inclinada em relação ao respectivo eixo. Isto é, para cada preço da outra empresa, com uma maior compatibilidade compensa a cada empresa praticar um preço inferior ao anterior preço de equilíbrio (veja-se a figura seguinte).

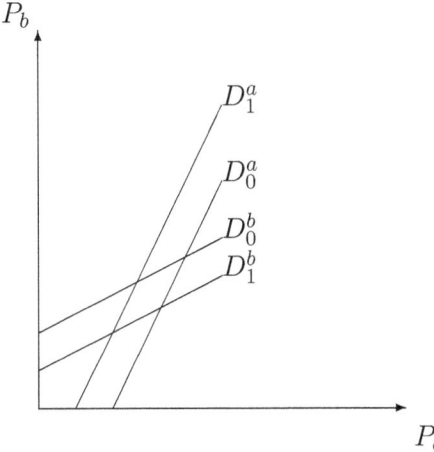

Capítulo 8. Diferenciação do produto 151

■ **8.6*** Considere o seguinte modelo de diferenciação vertical. Duas empresas vendem produtos de qualidade diferente, $\bar{u}$ e $\underline{u}$, onde $\bar{u} > \underline{u}$. A disposição a pagar de um consumidor do tipo v por cada um dos bens é dada por $w + \bar{u}v$ e $w + \underline{u}v$, respectivamente. Cada consumidor compra exactamente uma unidade de um dos dois produtos (supondo, por exemplo, que o valor de w é muito elevado). O valor de v de cada consumidor distribui-se uniformemente no intervalo [0,1]. As empresas têm um custo de produção nulo e fixam simultaneamente os preços.

a) Mostre que as funções reacção das empresas são dadas por

$$\bar{p} = \frac{\bar{u} - \underline{u}}{2} + \frac{\underline{p}}{2}$$

e

$$\underline{p} = \frac{\bar{p}}{2}$$

onde $\underline{p}$ e $\bar{p}$ são os preços fixados pelas empresas de qualidade $\underline{u}$ e $\bar{u}$, respectivamente.

b) Determine os lucros de equilíbrio em função da diferença de qualidade entre as empresas. Qual esperaria que fosse o equilíbrio dum jogo com dois estádios em que o primeiro estádio correspondesse à escolha da qualidade?

Resolução:

A decisão do consumidor indiferente entre comprar numa ou noutra empresa define a procura dirigida a cada uma das empresas deste mercado (no caso da empresa de menor qualidade, é também necessário definir qual o primeiro consumidor que compra o bem).

Defina-se v^* como o consumidor indiferente entre comprar numa ou noutra empresa e v' como o consumidor indiferente entre comprar na empresa de menor qualidade e não comprar o bem. Algebricamente:

$$w + \bar{u}v^* - \bar{p} = w + \underline{u}v^* - \underline{p} \qquad w + \underline{u}v' - \underline{p} \geq 0$$

de onde se retira

$$v^* = \frac{\bar{p} - \underline{p}}{\bar{u} - \underline{u}} \qquad v' = 0 \text{ para } w > \underline{p} \qquad (8.6.1)$$

e $\bar{D} = 1 - v^*$, $\underline{D} = v^* - v'$, pelo que a expressão da função lucro de cada empresa é:

$$\bar{\Pi} = \bar{p}\left(1 - \frac{\bar{p} - \underline{p}}{\bar{u} - \underline{u}}\right) \qquad \underline{\Pi} = \underline{p}\left(\frac{\bar{p} - \underline{p}}{\bar{u} - \underline{u}}\right) \qquad (8.6.2)$$

A maximização do lucro de cada empresa no nível de preços por parte de cada empresa origina como preços de equilíbrio:

$$\bar{p} = \frac{2}{3}(\bar{u} - \underline{u}) \qquad \underline{p} = \frac{1}{3}(\bar{u} - \underline{u}) \qquad (8.6.3)$$

tendo como valores de lucro de equilíbrio:

$$\bar{\Pi} = \frac{4}{9}(\bar{u} - \underline{u}) \qquad \underline{\Pi} = \frac{1}{9}(\bar{u} - \underline{u}) \qquad (8.6.4)$$

A maximização em ordem à qualidade de cada uma das empresas leva a que

$$\bar{u} = u^{\max} \qquad \underline{u} = u^{\min} \qquad (8.6.5)$$

que são as qualidades de equilíbrio[1].

■ **8.7** Procure vários anúncios publicitários em meios de comunicação diversos. Qual o conteúdo informativo ou "persuasivo" de cada um deles? Relacione estes dados com as características do produto e do meio de comunicação em questão.

---

[1] Para uma maior exploração de modelos de diferenciação vertical, veja-se John Sutton, *Sunk Costs and Market Structure – price competition, advertising and the evolution of concentration*, Cambridge, MA: The MIT Press, 1991; Avner Shaked e John Sutton, "Relaxing Price Competition Through Product Differentiation", *Review of Economic Studies*, **49**: 3–13, 1982; Avner Shaked e John Sutton, "Product Differentiation and Industrial Structure," *Journal of Industrial Economics*, **36**: *131–146, 1987.*

Resolução:

Um primeiro exemplo é o anúncio da Portugal Telecom (PT) sobre a alteração da tarificação. É claramente um anúncio com propósitos primordialmente informativos, pois procura dar a conhecer a alteração na estrutura tarifária.

Um segundo exemplo é o *Citroën Xsara*, com recurso à imagem de uma modelo famosa. O anúncio tem uma componente informativa: disponibilidade do produto, características do mesmo. Possui, por outro lado, uma clara componente de persuasão que é dada pela imagem da modelo e pela frase "instinto protector". No anúncio televisivo, essa imagem é reforçada pelo facto de a modelo realizar um *crash test* com um automóvel deste modelo, pretendendo-se que a confiança é suficiente para a modelo se arriscar à realização do teste.

■ **8.8** O efeito das despesas publicitárias na procura pode ser decomposto em aumento da procura total e transferência de quotas de mercado. Segundo esta classificação, podem ser considerados os seguintes casos extremos, onde q_i é a procura da empresa i e a_i o respectivo montante de despesas publicitárias[2]:

- A publicidade diz-se **predatória** quando

$$\frac{\partial q_j}{\partial a_i} + \frac{\partial q_i}{\partial a_i} = 0$$

- A publicidade diz-se **cooperativa** quando

$$\frac{\partial q_j}{\partial a_i} > 0$$

---

[2]Cfr. James Friedman, "Advertising and Oligopolistic Equilibrium", *Bell Journal of Economics* **14** (1983), 464-373.

- Finalmente, a publicidade diz-se **perfeitamente cooperativa** quando

$$\frac{\partial q_j}{\partial a_i} = \frac{\partial q_i}{\partial a_i}$$

Num estudo referente à procura de bolachas salgadas em pequenas cidades americanas foi obtida a seguinte estimativa[3]:

$$q_i = \beta X + 1.85 a_i - 0.84 a_j$$

a) Com base na classificação apresentada acima, como caracteriza as despesas publicitárias em bolachas salgadas?

b) Outros estudos mostram que as despesas publicitárias são de natureza cooperativa (cigarros) e predatória (refrigerantes)[4]. Como explica estes resultados, tendo em conta a natureza dos produtos em questão?

Resolução:

Calculando para cada hipótese o valor relevante:

- Publicidade predatória: $\partial q_j/\partial a_i + \partial q_i/\partial a_i = 1.85 - 0.84 = 1 > 0$, logo a publicidade neste mercado não é predatória.
- Publicidade cooperativa: $\partial q_j/\partial a_i = -0.84 < 0$, logo a publicidade também não é cooperativa.
- Publicidade perfeitamente cooperativa: $\partial q_j/\partial a_i - \partial q_i/\partial a_i = -1.69 \neq 0$, pelo que a publicidade também não é perfeitamente cooperativa.

---

[3] Margaret E. Slade, "Product Rivalry with Multiple Strategic Weapons" mimeo, University of British Columbia (1990).

[4] Cfr. Mark J. Roberts e Larry Samuelson, "An Empirical Analysis of Dynamic, Nonprice Competition in an Oligopolistic Industry", *Rand Journal of Economics* **19** (1988), 200-220; F. Gasmi, Jean-Jacques Laffont e Quang Vuong, "Econometric Analysis of Collusive Behavior in a Soft-Drink Market", *Journal of Economics, Management and Strategy* **1**, 277-312, respectivamente.

Capítulo 8. Diferenciação do produto

Não caindo em nenhum dos casos-limites, podemos dizer que a publicidade exibe algumas características de publicidade predatória (efeito cruzado negativo), mas também de aumento do próprio mercado. A importância de cada um dos efeitos dependerá do mercado em consideração.

■ **8.9** De um trabalho sobre preços de transporte rodoviário obtiveram-se os valores constantes do Quadro 8.2. Procure explicar estes dados com referência à análise deste e dos capítulos anteriores.

Quadro 8.2: Transporte rodoviário. Preços de alguns percursos nacionais
em Julho de 1993 (escudos)[a]

Percurso	emp.[a]	Tarifas normais		Tarifas km	
		min	max	min	max
Braga-Guimarães[b]	3	320	320	16	16
Lisboa-Coimbra[c]	4	770	1300	3.85	6.5
Lisboa-Benedita	1	850	850	9.5	9.5
Lisboa-Tondela[d]	3	1150	1200	4.33	5.52

Fonte: J. Miguel Gaspar, "Análise de Casos Exemplares de Discriminação de Preços", Lisboa, 1993; [a] Número de empresas que oferecem o serviço; [b] A Universidade do Minho oferece um serviço de transporte para estudantes pelo preço de 100 esc.; [c] O transporte ferroviário custa 1350 esc. (Inter-Cidades, 2.ª classe); [d] O transporte ferroviário custa 1380 esc.

Resolução:

Os preços mais baixos encontram-se nos percursos em que há mais concorrentes e em que existe uma alternativa (transporte ferroviário): Lisboa – Coimbra e Lisboa – Tondela. É também nestes casos que se assiste a uma variabilidade de preços (discriminação de preços? oferta de variedade de serviço? não há informação suficiente que permita distinguir as duas possibilidades). Nos restantes dois casos, temos um monopólio, e o percurso de Braga-Guimarães, em que se cobra o preço por km mais elevado. Há aqui indícios de um eventual acordo de conluio e correspondente preço de cartel. Resta ainda contemplar a possibilidade de existir uma estrutura de custos com um custo fixo e com um custo por km percorrido, o que sugeriria, se todas as companhias tivessem o mesmo comportamento, um preço mais baixo em percursos maiores, o que parece ser o caso. No entanto, esta não pode ser a justificação completa. Por exemplo, tomando o custo fixo como 320 esc. (o custo da ligação Braga – Guimarães), o preço por km mais baixo (aproximação ao custo marginal por km de cada ligação), que é de 2.25 esc./km, obtido na ligação Lisboa – Coimbra, depois de deduzido o custo fixo de 320 esc., os preços simulados para as ligações Lisboa – Benedita e Lisboa – Tondela são de 523 esc. e 916 esc., respectivamente. Estes valores são claramente inferiores aos 770 esc. e 1150 esc. praticados nos respectivos percursos, o que sugere evidência de algum exercício de poder de mercado.

Percurso	km	Preço por km
Braga - Guimarães	20	16
Lisboa - Coimbra	200	3.85
Lisboa - Benedita	90	9.5
Lisboa - Tondela	265/217	4.3/5.52

■ **8.10** Ph. Nelson classifica a qualidade em duas categorias: **qualidade testável** e **qualidade experimentável**[5]. No primeiro caso, a qualidade pode ser aferida antes da compra, eventualmente com um custo de teste. No segundo caso, a qualidade

---

[5]Phillip Nelson, "Information and Consumer Behavior", *Journal of Political Economy* **78** (1970), 311-329.

Capítulo 8. Diferenciação do produto

Tabela 8.3: Publicidade no *Canal 1* por tipo de produto
(horas em 1988; valores principais apenas)

Tipo	horas
Produtos alimentares	40
Prod. higiene e beleza	22
Máquinas, veículos e acessórios	20
Vinhos	12
Detergentes	9

Fonte: Anuário RTP, 1989.

apenas pode ser aferida após a compra e a experimentação reiterada do produto.

a) Em que caso lhe parece que seja mais rentável um investimento em publicidade televisiva? (Sugestão: consulte os dados do Quadro 8.3.)

Qual espera seja a natureza das despesas publicitárias em cada caso (mais informativa ou mais persuasiva)?

Resolução:

a) Bens de qualidade experimentável.

b) A natureza principal de cada uma das despesas publicitárias é a seguinte: produtos alimentares – persuasiva; prod. higiene e beleza – persuasiva; máquinas, veículos e acessórios – persuasiva/informativa; vinhos – persuasiva; e detergentes – persuasiva.

■ **8.11** Considere um monopolista que escolhe o valor óptimo de despesas de publicidade. Suponha que a publicidade implica um deslocamento da curva de procura para Nordeste. Suponha ainda que o índice de bem estar é dado pela soma do excedente do produtor com o excedente do consumidor *medido com a curva procura deslocada pelas despesas de publicidade*.

a) É esta a medida adequada do bem-estar social?

b)* Mostre que o valor óptimo de publicidade é excessivo de um ponto de vista social. (Sugestão: o óptimo do monopolista é determinado pela igualdade entre receita marginal e custo marginal da publicidade; mostre que neste ponto a variação marginal do excedente total é inferior ao custo marginal[6].)

Resolução:

a) A resposta depende do tipo de publicidade. Se se alterar as preferências dos consumidores com a realização de publicidade, então é a medida apropriada, fazendo a comparação de bem-estar paramétrica na curva de procura final (depois da publicidade). No entanto, pode-se argumentar que em rigor se devia comparar a variação no bem-estar comparando o excedente do consumidor medido na curva de procura depois da publicidade *versus* o excedente do consumidor medido na curva de procura antes da publicidade. Neste caso, os efeitos de bem-estar da publicidade são mais difíceis de calcular.

b) Mantendo paramétrica a curva de procura, a medida de bem-estar social habitual é:

$$W = \int_0^Q P(X; \bar{\alpha}) dX - PQ(\alpha) + \Pi \qquad (8.11.1)$$

e

$$\Pi = PQ(\alpha) - C(Q(\alpha)) - \alpha \qquad (8.11.2)$$

sendo α as despesas em publicidade. Como estamos a alterar marginalmente as despesas de publicidade em torno do equilíbrio

---

[6]Para uma análise rigorosa, *vd.* Avinash Dixit and Victor Norman, "Advertising and Welfare", *Bell Journal of Economics,* **9** (1978), 1-17.

Capítulo 8. Diferenciação do produto

de preços, tome-se $\partial P/\partial \alpha = 0$, e

$$\frac{\partial W}{\partial \alpha} = \frac{\partial \Pi}{\partial \alpha} - P\frac{\partial Q}{\partial \alpha} \qquad (8.11.3)$$

Como $\partial \Pi/\partial \alpha = 0$, por α estar a ser escolhido de forma óptima, vem que o único efeito de bem-estar é o último termo, que é negativo.

■ **8.12*** Ph. Nelson sugere que as despesas de publicidade podem funcionar como sinal da qualidade de um produto[7]. Considere o seguinte modelo simples: a qualidade do produto vendido por um monopolista pode ser alta ou baixa. Apenas o monopolista conhece o real valor do seu produto. O custo de produção de uma unidade é dado por $\bar{c}$ e $\underline{c}$, consoante a qualidade seja alta ou baixa, respectivamente. Os consumidores estão dispostos a comprar uma unidade até um máximo de $\bar{u}$ se estiverem certos de que se trata de um produto de qualidade alta; pelo contrário, se estiverem certos de que se trata de um produto de qualidade baixa, então estão dispostos a comprar duas unidades a $\underline{u}$ cada.

a) Mostre que as seguintes estratégias constituem um equilíbrio. Se o produto for de qualidade baixa, então o monopolista fixa $p = \underline{u}$ e vende duas unidades. Se, pelo contrário, o produto for de qualidade alta, então o monopolista fixa $p = \bar{u}$, e vende uma unidade, após ter dispendido A em publicidade. O valor de A é tal que $\underline{c} < A + 2\underline{u} - \bar{u} < \bar{c}$. Em equilíbrio, os consumidores pensam que um preço alto é fixado apenas por empresas de qualidade alta e um preço baixo por empresas de qualidade baixa[8].

---
[7]Phillip Nelson, "Advertising as Information", *Journal of Political Economy*, **81**: 729-754, 1974. Para uma análise formal, vd. Richard E. Khilstrom e Michael H. Riordan, "Advertising as a Signal", *Journal of Political Economy* , **92**: 427-450, 1984; e Paul Milgrom e John Roberts, "Price and Advertising Signals of Product Quality", *Journal of Political Economy* , **94**: 796-821, 1986.

[8]Neste equilíbrio, para além das estratégias, há que definir as conjecturas

b) Como classificaria este tipo de publicidade relativamente ao binómio informação/persuasão?

Resolução:

a) Para as estratégias propostas constituirem um equilíbrio temos de ver em que condições nenhum dos agentes económicos deseja alterar as suas decisões ou percepções. Se os consumidores virem despesas de publicidade positivas ($A > 0$) e $p = \bar{u}$, acreditam que a empresa fornece um produto de qualidade alta; se virem $p = \underline{u}$, acreditam que a empresa fornece um produto de qualidade baixa. Para estas percepções serem de equilíbrio, têm de estar correctas, pelo que, numa situação de equilíbrio, uma empresa de qualidade alta faz despesas de publicidade, e uma empresa de qualidade baixa não. Relativamente às estratégias de preços, para este ser um equilíbrio, a empresa não pode ter interesse em mudar a sua estratégia. A empresa de qualidade alta prefere incorrer em despesas de publicidade se isso lhe der maior lucro do que uma decisão alternativa. No caso em apreço, dadas as percepções dos consumidores, se não tiver despesas de publicidade, é considerada uma empresa de produto de qualidade baixa. A condição para não valer a pena uma empresa de qualidade alta fazer-se passar por uma empresa de qualidade baixa é $\bar{u} - A - \bar{c} > 2\underline{u} - 2\bar{c}$. De modo semelhante, para uma empresa de qualidade baixa não ter interesse em fazer-se passar por uma empresa de qualidade alta, tem de se respeitar a seguinte condição $2\underline{u} - 2\underline{c} > \bar{u} - A - \underline{c}$. Juntando as duas condições numa só, obtém-se $\underline{c} < A + \underline{u} - \bar{u} < \bar{c}$ que é a condição fornecida no enunciado.

---

dos consumidores sobre o "tipo" da empresa, após a observação da estratégia da mesma. Designa-se por equilíbrio de Nash-Bayes, ou **equilíbrio bayesiano**, a situação em que as estratégias escolhidas são óptimas e as *conjecturas consistentes*. Neste caso concreto, o equilíbrio encontrado é um equilíbrio com **sinalização**, uma vez que o preço e o montante de publicidade de cada tipo de empresa "sinalizam" a qualidade do produto vendido.

b) A publicidade tem aqui um papel informativo, mas que é diferente do habitual. A presença de publicidade é sinal de qualidade alta, independentemente do conteúdo do anúncio.

Capítulo 9

Investigação e desenvolvimento

■ **9.1** Com vista ao teste de algumas das hipóteses teóricas sobre incentivos para I&D, foi estimada a relação econométrica entre concentração sectorial e intensidade de despesas em I&D[1]. Concretamente, estimaram-se equações do tipo

$$I = \alpha C + \beta Z,$$

onde I é o rácio entre despesas de I&D e o volume de vendas de cada sector, C o valor do índice $C4$ e Z um vector de outras variáveis. Dividindo a amostra consoante o valor de C seja superior ou inferior a 70%, obtém-se para α o valor 0.003 e -0.005, respectivamente. Comente.

---

[1] Adelino Fortunato, "Estruturas de Mercado – Inovação Tecnológica e Persistência do Poder de Monopólio na Indústria Portuguesa", apresentado no I Encontro Nacional de Economia Industrial, Braga, Outubro de 1992.

Resolução:

Em primeiro lugar, admite-se que as estimativas obtidas são estatisticamente significativas (estatisticamente diferentes de zero).

Adicionalmente, a não-especificação das variáveis incluídas no vector Z não permite avaliar da eventual presença de enviezamentos nos resultados econométricos obtidos. Em geral, seria conveniente possuir informação adicional sobre a análise realizada.

As empresas em indústrias mais concentradas (C superior a 70%) mostram uma maior intensidade de realização de actividades de I&D (em termos relativos).

Este resultado pode ser o reflexo de vários efeitos:

1. Em indústrias mais concentradas, as empresas têm uma maior apropriação dos ganhos gerados pela inovação, como resultado do exercício de maior poder de mercado (pois a patente que eventualmente seja conseguida não resulta geralmente num isolamento completo da possibilidade de concorrência); em indústrias mais concentradas, e não resultando a inovação num monopólio, a apropriação dos ganhos da inovação é maior.

2. As empresas em indústrias mais concentradas têm maior incentivo a realizar I&D, como forma de manter a sua posição (antecipando-se às outras empresas), embora uma validação mais correcta deste argumento só possa ser realizada com recurso a um modelo explícito de oligopólio.

Quanto à capacidade de realizar I&D, nada podemos dizer, porque não há informação relativa à dimensão dos sectores (um sector pode ser mais concentrado do que outro e as empresas deste último terem uma dimensão, média, superior às empresas do primeiro sector).

Como segundo comentário, refira-se que, para o conjunto das indústrias menos concentradas, são os sectores mais concorrenciais que realizam mais I&D. Isto é, para $C < 70\%$, o coeficiente é -0.005, significando que, passando para uma indústria menos concentrada, a intensidade de I&D aumenta. Este efeito pode reflectir neste caso a predominância do efeito de incentivo da concorrência. Ou seja, a intensidade de investigação é menor quando o poder de mercado é maior. Para níveis de concentração superiores a 70%, esta relação desaparece.

É ainda de notar que até certo ponto se pode esperar que indústrias onde a I&D é mais importante sejam mais concentradas como resultado do sucesso de apenas algumas empresas. Neste caso, poderá haver uma causalidade inversa à que se pretendeu capturar com a relação estimada. Contudo, dado que a análise é feita de modo seccional, não é de crer que este efeito estivesse presente em todos, nem mesmo num conjunto significativo, dos sectores em causa.

Finalmente, a própria estrutura de mercado, medida pelo índice de concentração, poderá ser considerada uma variável endógena, dependente de condições básicas como a estrutura da procura e a oportunidade tecnológica.

■ **9.2** O período de patente aplicado a produtos farmacêuticos nos EUA é de dezassete anos. Devido aos atrasos no processo de aprovação de novos produtos, o período de protecção efectivo (isto é, desde a introdução no mercado até a patente expirar) é normalmente inferior a dez anos. Os industriais norte-americanos do sector defendem um aumento do período de protecção da patente, argumentando que, em última análise, são os consumidores os principais prejudicados com a situação actual.

a) Tem razão de ser o argumento dos industriais?

b) Para além da duração, que outros aspectos da lei de patente lhe parecem relevantes?

Resolução:

a) Uma maior duração da patente origina um período de monopólio superior, pelo que há aqui um efeito negativo, do ponto de vista social, do aumento da duração da patente, embora seja claramente um efeito favorável para a empresa.

Por outro lado, os incentivos às empresas a investirem em investigação e desenvolvimento de novos produtos farmacêuticos serão maiores se a duração da patente for superior, pelo que provavelmente surgiriam mais produtos, o que beneficiaria o consumidor por duas vias: maior diversidade, dado que os produtos não seriam exactamente iguais, e maior concorrência, contribuindo para uma diminuição dos preços.

Assim, os industriais têm alguma razão no seu argumento, embora não seja possível dizer-se se este argumento domina o do poder de monopólio (que actua em sentido contrário, a favor de uma menor duração da patente).

b) O âmbito de patente, que determinará a existência de maior ou menor número de substitutos próximos. O tempo de obtenção da patente, que poderá encurtar de forma significativa o tempo de protecção efectiva do produto.

Sendo a patente contada a partir do momento do pedido de concessão e não a partir do momento de introdução do produto no mercado, o desfazamento entre estes dois momentos diminui o período de protecção efectiva da patente.

Por outro lado, se a patente fosse contada apenas a partir do momento de introdução do produto no mercado, poder-se-ia assistir a uma manipulação estratégica das empresas, através do uso de patentes adormecidas.

Capítulo 9. Investigação e desenvolvimento 167

■ **9.3** Procure informação sobre a evolução recente da regulamentação do sector farmacêutico em Portugal (*v.g.*, *Diário de Notícias*, 23 de Outubro de 1989). Que política lhe parece melhor indicada com respeito à questão dos genéricos e do direito de patente? Contraste a situação portuguesa com a de Itália ou dos Estados Unidos.

Resolução:

No caso de Portugal, a introdução de genéricos deve ser favorecida, pois o direito de patente influi pouco nos produtos disponíveis no mercado português. As empresas portuguesas do sector que realizam actividades de investigação e desenvolvimento centram-se fundamentalmente em inovação de processo.

No entanto, para a Itália e os Estados Unidos, países com grandes produtores e inovadores no sector farmacêutico, uma legislação muito favorável aos genéricos poderá diminuir de forma importante os incentivos à realização de actividades de Investigação e Desenvolvimento no aspecto de inovação de produto[2].

---

[2]Para uma discussão sobre os genéricos, veja-se Diogo de Lucena, Miguel Gouveia e Pedro Pita Barros, 1995, *Análise Económica do Sistema de Saúde Português,* Ministério da Saúde.

Capítulo 10

Exercícios suplementares

■ **10.1** Considere um mercado com procura dada por $Q = 50 - P/2$. O custo marginal é constante e igual a 20. Calcule:

a) O preço e a quantidade de equilíbrio em situação de concorrência perfeita e monopólio.

b) Os excedentes do produtor e do consumidor em idênticas situações.

c) A perda de bem-estar decorrente da passagem da situação de concorrência perfeita para monopólio.

Resolução:

a) Em concorrência perfeita tem-se o resultado de $p = c$, sendo p o preço e c o custo marginal (constante). Invertendo a equação da procura,
$$P = 100 - 2Q \qquad (10.1.1)$$

A condição de equilíbrio no mercado é então
$$100 - 2Q = c \qquad (10.1.2)$$

O equilíbrio de concorrência perfeita é caracterizado por $Q^e = (100-c)/2 = 40$, e $P^e = 20$.

Em monopólio, a empresa defronta o seguinte problema:

$$\max_q \pi = (P(Q)-c)Q = (100-2Q-20)Q \qquad (10.1.3)$$

A condição de primeira ordem para maximização do lucro é

$$\frac{\partial \Pi}{\partial Q} = 0 \qquad (10.1.4)$$

de onde resulta o equilíbrio de monopólio caracterizado por $Q^m = 20, P^m = 60$[1].

b) O excedente do consumidor é definido como a disposição a pagar por cada unidade do bem para além do preço efectivamente pago.

O excedente do produtor é definido como a diferença entre o que o produtor estaria disposto a aceitar por cada unidade do bem vendida e o que efectivamente recebe.

Dado que a procura é linear, os excedentes do produtor e do consumidor podem ser facilmente calculados. No caso da figura, o excedente do consumidor em situação de concorrência é dado pela soma das áreas $A+B+C$, sendo o excedente do produtor nulo. No caso de existência de monopólio, o excedente do consumidor corresponde à área A e o excedente do produtor à área B.

---

[1]Dada a concavidade da função lucro, a condição de segunda ordem é igualmente satisfeita.

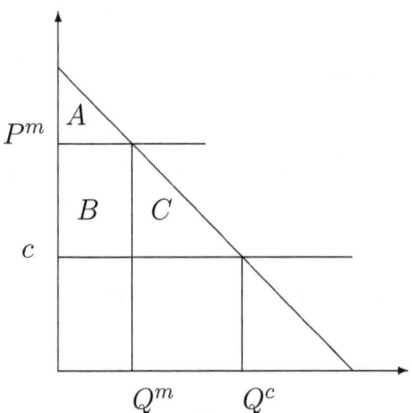

Aproveitando a linearidade da função procura e o facto de o custo marginal ser constante, podemos escrever o excedente do consumidor como

$$EC = [P(0) - P(Q)]\frac{Q}{2} \qquad (10.1.5)$$

em que $P(0)$ é o preço que provocaria uma procura nula do produto. O excedente do produtor é calculado como[2]:

$$EP = [P(Q) - c]Q \qquad (10.1.6)$$

O excedente total é simplesmente a soma do excedente do consumidor com o excedente do produtor. Na situação de concorrência perfeita,

$$EC = (100 - 20)20 = 1600; \qquad EP = 0 \qquad (10.1.7)$$

Na situação de monopólio, tem-se

$$EC = 400; \qquad EP = 800 \qquad (10.1.8)$$

---

[2]Alternativamente, o excedente do consumidor pode ser calculado pela fórmula mais geral $EC = \int_0^Q P(x)\,dx - PQ$.

c) A perda de bem-estar, no contexto de análise parcial em que estamos a trabalhar, é dada pela diminuição do excedente total, que é constituído pela soma dos excedentes do consumidor e do produtor. No caso da figura, corresponde à área B, para a passagem de uma situação de concorrência perfeita para uma situação de monopólio. Aproveitando uma vez mais a linearidade da função procura, a perda de bem-estar pode ser simplesmente escrita como

$$PBE = \frac{1}{2}\Delta Q \Delta P \qquad (10.1.9)$$

Para este exercício em particular, resulta o valor $PBE = 400$.

■ **10.2** Refaça o exercício anterior considerando agora uma curva de custo marginal dada por $c = 30 + 5Q$.

Resolução:

a) Para a situação de concorrência perfeita, caracterizada por igualdade entre preço de mercado e custo marginal de produção, vem $Q^c = 10$ e $P^c = 80$. Para o monopolista, a resolução do problema de

$$\max_{Q} \Pi = (100 - 2Q - 30 - 5Q)Q \qquad (10.2.1)$$

origina os valores de equilíbrio $Q^m = 5$ e $P^m = 90$.

b) Para a situação de concorrência perfeita tem-se

$$EC = 100 \qquad (10.2.2)$$
$$EP = 250 \qquad (10.2.3)$$

Para a situação de monopólio, o excedente do consumidor é dado por $EC = 55$. No cálculo do excedente do produtor, é necessário ter alguns cuidados, uma vez que o custo marginal não é constante:

$$EP = (55 - 30)\frac{1}{2} + (90 - 55)5 = 237.5 \qquad (10.2.4)$$

Capítulo 10. Exercícios suplementares 173

c) Existem agora duas perdas de bem-estar de um ponto de vista social: uma de excedente do consumidor e uma de excedente do produtor:

$$PBE(EC) = \frac{1}{2} \times 5 \times 10 = 25 \qquad (10.2.5)$$

$$PBE(EP) = \frac{1}{2} \times 5 \times (60 - 55) = 62.5 \qquad (10.2.6)$$

$$PBE = 25 + 62.5 = 87.5 \qquad (10.2.7)$$

■ **10.3** Considere um mercado com procura inversa dada por $P = a - bQ$. Uma unidade do produto custa uma hora de trabalho, o único factor de produção. O salário horário é dado por w. Calcule o preço de equilíbrio em situação de concorrência perfeita e de monopólio. Em que caso é o preço de equilíbrio mais sensível a flutuações do custo do factor produtivo?

Resolução:

O custo de produzir uma unidade de Q é w, pelo que o custo marginal de produção é constante e igual a w. Na situação de concorrência perfeita, $P = a - bQ = $ = custo marginal $= w$, sendo os valores de equilíbrio dados por

$$Q^c = \frac{a-w}{b}; \qquad P^c = w \qquad (10.3.1)$$

Na situação de monopólio, a empresa maximiza

$$\pi(Q) = (a - bQ - w)Q \qquad (10.3.2)$$

resultando como valores de equilíbrio para o monopolista

$$Q^m = \frac{a-w}{2b}; \qquad P^m = \frac{a+w}{2} \qquad (10.3.3)$$

A sensibilidade do preço de equilíbrio ao custo do factor produtivo é dada por

$$\frac{\partial P^c}{\partial w} = 1; \qquad \frac{\partial p^m}{\partial w} = \frac{1}{2} \qquad (10.3.4)$$

pelo que o preço de concorrência é mais sensível ao custo do factor produtivo. A intuição do resultado é que o monopolista, como estabelece o preço acima do custo marginal, não repercute inteiramente aumentos do custo sobre os consumidores. Já no caso de concorrência, todas as flutuações de custos são automaticamente passadas ao consumidor. Este resultado não é válido em geral. Para o caso em que a elasticidade da procura se mantém constante ao longo da curva, já o inverso sucede (veja-se exercício 10.5).

■ **10.4** A única fábrica de automóveis de determinado país dispõe de duas linhas de montagem. Cada linha tem capacidade para fabricar cinco automóveis por hora, e funciona durante 88 horas por semana e 50 semanas por ano. Fabricar um automóvel custa 400 mil escudos em material e 100 horas-homem de trabalho (a 1000 escudos por hora).

a) Calcule a curva de custos marginais no curto prazo.

b) Suponha que a procura é dada por $Q = 100\,000 - 50P$ em anos de procura baixa e $Q = 150\,000 - 50P$ em anos de procura elevada (preço em milhares de escudos). Calcule os lucros e a perda de bem-estar devidos a poder de monopólio em ambas as situações.

c) Suponha que a empresa contabiliza 40 milhões de contos por ano em custos de capital. Calcule o lucro contabilístico. Qual a relação entre lucro contabilístico, lucro económico e perda de bem-estar devida a poder de monopólio?

(Exercício elaborado por T. Bresnahan.)

Resolução:

a) O custo marginal é dado por

$$C = \begin{cases} 400 + 100 = 500 & \text{para } Q \leq 44\,000 \\ +\infty & \text{para } Q > 44\,000 \end{cases} \quad (10.4.1)$$

b) Os valores de equilíbrio para a solução de monopólio e para a solução de concorrência são dados, respectivamente, por:

$$Q^m = \frac{a-c}{2b}; \quad P^m = \frac{a+c}{2}$$
$$Q^c = \frac{a-c}{b}; \quad P^c = c$$

Para períodos de procura baixa, temos os seguintes valores por aplicação das fórmulas acima indicadas

$$\begin{cases} Q^m = \frac{2000-500}{450} = 37\,500 \\ P^m = 1250 \\ Q^c = 75\,000 \\ P^c = 500 \end{cases}$$

Repare-se que no equilíbrio concorrencial se excede o limite de capacidade, pelo que no equilíbrio concorrencial com procura baixa se terá de verificar

$$Q^c = 44\,000; \quad P^c = 1120$$

Nos períodos de procura alta,

$$\begin{cases} Q^m = 62\,500 \\ P^m = 1750 \\ Q^c = 125\,000 \\ P^c = 500 \end{cases}$$

Agora, quer o equilíbrio seja de concorrência quer seja monopolista, a capacidade existente seria ultrapassada, pelo que em equilíbrio se terá de verificar

$$Q^c = Q^m = 44\,000$$

No que respeita aos preços, as empresas em concorrência perfeita tomam o preço de mercado como um dado. O monopolista cobra o preço que os consumidores estão dispostos a pagar marginalmente para consumir as unidades vendidas do bem. Assim, o preço de equilíbrio será igual em ambos os casos e igual a $P^c = P^m = 2120$.

Resulta daqui que não existe qualquer perda de bem-estar nos anos de procura alta. Para os anos de procura baixa, a perda de bem-estar é dada por

$$\Delta BE = (44\,000 - 37\,500)\frac{1}{2}(1120 - 1250) = -845\,000 \quad (10.4.2)$$

Os lucros da empresa são ($\pi_1 \equiv$ procura baixa; $\pi_2 \equiv$ procura elevada)

$$\pi_1 = (1250 - 500)37\,500 = 28\,125\,000 \quad (10.4.3)$$
$$\pi_2 = (2120 - 500)44\,000 = 71\,280\,000 \quad (10.4.4)$$

c) Os lucros da empresa em monopólio ajustados pelo valor indicado são

$$\pi_1' = -11.85 \times 10^6$$
$$\pi_2' = 31.28 \times 10^6$$

O lucro económico deveria contabilizar o custo de utilização do capital, bem como a remuneração tida como justa para os accionistas. No sentido em que os 40 milhões de contos são custo de utilização do capital, ainda faltaria considerar a remuneração do factor produtivo "capital do accionista". Nesse caso, o lucro contabilístico seria superior ao lucro económico. A perda de bem-estar de monopólio é neste caso bastante baixa se compararmos com uma situação em que a empresa com o actual nível de capacidade se comporta concorrencialmente. Mesmo se for feita uma comparação com uma situação concorrencial em que haja expansão da capacidade até que $p = $ custo marginal $= 500$, a perda de bem-estar é menor do que o lucro económico, mas superior ao lucro contabilístico (no caso em que os custos de capital contabilizados são custos irreversíveis).

■ **10.5** Mostre que em situação de monopólio se verifica a seguinte igualdade:
$$P = \frac{\epsilon}{\epsilon - 1} c$$
em que ϵ é a elasticidade procura-preço e c o custo marginal. Interprete a equação.

Resolução:

O problema é
$$\max_q \pi = P(q)q - C(q)$$
sendo a condição de primeira ordem
$$P(q) - q\frac{\partial P}{\partial q} - \frac{\partial C}{\partial q} = 0 \qquad (10.5.1)$$

Definindo $\frac{\partial C}{\partial q} = C'$ e $\varepsilon = -\frac{\partial Q}{\partial P}\frac{P}{Q}$, pode-se reescrever a expressão como
$$P(q) - \frac{P}{\varepsilon} = C' \qquad (10.5.2)$$
ou
$$P = \frac{\varepsilon}{\varepsilon - 1} C' \qquad (10.5.3)$$

Várias situações podem ser identificadas de acordo com o valor da elasticidade procura-preço, ε:

- Quando $\varepsilon \to \infty$, temos a situação de concorrência perfeita – a empresa não afecta o preço que pratica – $P = C'$.

- Quando $\varepsilon > 1 \neq \infty$, então o preço praticado por um monopolista é superior ao custo marginal.

- Para um monopolista estar disposto a produzir para um determinado mercado, este tem de ter uma elasticidade procura-preço superior à unidade, $\varepsilon > 1$.

- Aumentos do custo marginal levam sempre a aumentos do preço numa situação de monopólio.

- Se a elasticidade procura-preço for constante, o preço é obtido como uma margem fixa aplicada ao custo marginal.

■ **10.6** Considere as seguintes elasticidades procura-preço, sendo a elasticidade definida como $\varepsilon = -(\partial Q/\partial P)/(Q/P)$, de alguns produtos agrícolas.

batatas: 0.27
ovos: 0.43
maçãs: 1.27
laranjas: 0.62
alface: 2.58

Sem utilizar informação adicional, demonstre que alguns destes produtos não são vendidos por um monopolista maximizador do lucro.
(Exercício elaborado por T. Bresnahan.)

Resolução:

Utilizando o resultado do exercício anterior, sabemos que um monopolista maximizador do lucro não venderá produtos com uma elasticidade procura-preço inferior à unidade. Assim, só as maçãs e a alface seriam vendidas por um monopolista maximizador do lucro.

■ **10.7** Considere os valores do Quadro 10.1. Calcule os índices de concentração C4 e H. Que pode concluir com respeito à competitividade relativa em cada período?

Quadro 10.1: Quotas de mercado

Sector X			Sector Y		
Emp	1990	1991	Emp	1990	1991
1	50.00	25.00	1	50.00	75.00
2	10.00	20.00	2	50.00	5.00
3	10.00	20.00	3	0	5.00
4	10.00	20.00	4	0	5.00
5	10.00	5.00	5	0	5.00
6	10.00	5.00	6	0	5.00
7	0	5.00			

Resolução:

Com os valores do Quadro 10.1 é possível calcular os índices C_4 e H:

	X		Y	
C_4	80 %	85 %	100 %	80 %
H	0.30	0.19	0.50	0.58

O índice C_4 indica que o mercado X se tornou menos competitivo e que o mercado Y se tornou mais competitivo. O índice H fornece as indicações contrárias: o mercado X tornou-se mais competitivo e o mercado Y menos competitivo. Os dois índices fornecem indicações contrárias porque o índice H contempla movimentos nas quotas de mercado das empresas para além da quarta (em termos de ordenação decrescente das quotas de mercado). Nesse sentido, poderão constituir um melhor indicador do que o índice C_4 de alterações de competitividade em cada sector. Por outro lado, se acreditarmos que apenas as decisões das quatro maiores empresas são relevantes em termos de promoção de equilíbrios de cartel, então o índice C_4 será mais apropriado.

■ **10.8** Considere os valores do Quadro 10.2. Qual dos duopólios lhe parece mais competitivo?

Quadro 10.2: Quotas de mercado

Sector X			
Emp	1989	1990	1991
1	75.00	25.00	60.00
2	25.00	75.00	40.00

Sector Y			
Emp	1989	1990	1991
1	65.00	64.00	66.00
2	35.00	36.00	34.00

Resolução:

O sector X apresenta uma maior dispersão e uma maior instabilidade das quotas de mercado. O sector Y apresenta uma menor dispersão e uma menor instabilidade das quotas de mercado.

Numa perspectiva estática, pode-se dizer que o mercado X é mais concentrado, podendo conjecturar-se que será menos competitivo do que o mercado do sector Y. Por outro lado, observando a dinâmica de cada um dos sectores, conclui-se que no mercado do sector Y é sempre a mesma empresa a ter a posição dominante. A instabilidade que se observa no sector X pode ser um indício de competitividade.

Capítulo 10. Exercícios suplementares

■ **10.9** Duas empresas, 1 e 2, decidem sequencialmente se desejam começar a produzir um bem homogéneo com curva de procura $P = 40 - Q$. Ambas podem adoptar uma de duas tecnologias: $CT = 10q + 120$ ou $CT^* = 25q + 5$. A empresa 1 é a primeira a escolher a sua tecnologia, escolha que pode ser observada pela empresa 2 antes de esta última escolher. (Nota: recorde que a escolha da empresa 1 será feita contemplando já o efeito da sua própria escolha sobre a escolha da empresa 2).

As escolhas de tecnologia são feitas previamente às escolhas do nível de produção. Isto é, de uma forma mais precisa, a sequência temporal das decisões das empresas é a seguinte: (i) a empresa 1 escolhe a sua tecnologia; (ii) a empresa 2 escolhe a sua tecnologia, já conhecendo a escolha tecnológica da empresa 1; (iii) depois de conhecidas as escolhas de tecnologia de ambas as empresas, estas decidem simultaneamente as quantidades produzidas[3].

a) Qual a escolha tecnológica que fará a empresa 1? E a empresa 2?

b) Qual o equilíbrio neste mercado, isto é, quantas empresas operarão e qual o seu lucro?

(Exercício adaptado de um exercício elaborado por Vasco Santos.)

Resolução:

a) Sendo este um modelo de decisões sequenciais, a sua resolução tem de ser realizada por indução retrospectiva (da última fase do jogo para a primeira). Assim, tomando a fase de decisão simultânea, repare-se que a única diferença entre as várias combinações possíveis de escolhas de tecnologia (empresa 1 escolhe CT ou CT^*;

---

[3]Esta não é a única sequência de decisões possível. Podia-se igualmente resolver o problema actuando a empresa 1 como líder e a empresa 2 como seguidora na fase de produção. O leitor interessado poderá tentar resolver também esse caso.

empresa 2 idem) se encontra ao nível de custos marginais das empresas.

Recorrendo aos resultados já obtidos de forma mais genérica quando duas empresas com custos marginais diferentes escolhem simultaneamente quantidades, sendo a procura linear, origina-se a seguinte função lucro:

$$\pi_i = \frac{(a - 2c_i + c_j)^2}{9b} \qquad (10.9.1)$$

Daqui é fácil ver que na segunda fase do problema, a empresa 2, tendo que decidir a sua tecnologia, escolhe a tecnologia com menor custo marginal, desde que isso lhe permita permanecer no mercado. Tome-se primeiro a situação de escolha da empresa 1 que é mais desfavorável à empresa 2 (escolha da tecnologia com menor custo marginal). Neste caso, a empresa 2, escolhendo a tecnologia com menor custo marginal, tem um lucro em equilíbrio de -20, preferindo neste caso manter-se fora do mercado. Se escolhesse a outra tecnologia, seria óptimo não produzir. Resulta assim que a empresa 2 prefere não entrar neste mercado se a empresa 1 escolher a tecnologia CT. Se a empresa 1 escolher a tecnologia CT^*, a decisão óptima da empresa 2 seria escolher a tecnologia CT, que lhe daria um lucro de 105. Contudo, dadas estas escolhas óptimas da empresa 2, a empresa 1 sabe que se escolher a tecnologia com menor custo marginal, terá capacidade para impedir a empresa 2 de entrar e ter então o correspondente lucro de monopólio. Este valor é superior à alternativa, pois se a empresa 1 escolhesse a alternativa, a empresa 2 entraria no mercado e o lucro de duopólio, tendo custo marginal elevado e a empresa rival custo marginal baixo, seria negativo.

■ **10.10** Comente a seguinte afirmação (num máximo de 15 linhas):

" O equilíbrio de Cournot envolve uma quantidade de *output* sempre superior à de monopólio. Logo, cada empresa tem interesse em reduzir o seu *output* (aproximando a quantidade total produzida do *output* do monopólio), de modo a aumentar o seu lucro."

(Exercício elaborado por Vasco Santos.)

Resolução:

O equilíbrio de (Nash-)Cournot é por definição um equilíbrio em que qualquer empresa, decidindo unilateralmente a quantidade produzida, não consegue aumentar o seu lucro. Sendo verdade, em geral, que o equilíbrio de Cournot envolve uma quantidade superior à de monopólio, as empresas terão interesse em unir-se para, tomando decisões conjuntas, obterem lucros superiores. Mas o aumento de lucro sugerido na frase não resulta de coordenação das empresas, pelo que a afirmação é falsa.

■ **10.11** Considere um mercado cuja curva de procura é dada por $P = 20 - 2Q$. Três empresas operam nesse mercado: A, B e C. A empresa A, mais eficiente, tem um custo médio e marginal constante e igual a 9. As empresas B e C apresentam curvas de custo total $CT_i = q_i(q_i + 11), i = B, C$.

a) Admita que a empresa A se comporta como empresa dominante e as empresas B e C como uma faixa concorrencial. Determine o equilíbrio deste mercado.

b) Suponha que as três empresas consideram a hipótese de formar um cartel equitativo (em que as três produzem a mesma quantidade). Será que este acordo é, de facto, assinado?

c) Qual a compensação mínima que a empresa A aceitará para assinar este acordo?

d) Estarão as empresas B e C dispostas a pagar tal compensação?

(Exercício elaborado por Vasco Santos.)

Resolução:

a) O primeiro passo da análise será o de determinar a curva de oferta da faixa concorrencial, tendo-se para isso de somar as curvas de custos marginais das duas empresas concorrenciais:

$$q_B + q_C = \frac{cmg_B - 11}{2} + \frac{cmg_C - 11}{2} = cmg - 11 \quad (10.11.1)$$

em que cmg representa o custo marginal. A oferta da franja concorrencial é, dado que para empresas comportando-se concorrencialmente se tem $P = cmg$:

$$P = q + 11 \quad (10.11.2)$$

A procura residual que a empresa dominante enfrenta é:

$$\begin{cases} 10 - P/2 & \text{para } P \leq 11 \\ 10 - P/2 - P - 11 & \text{para } 11 < P \leq 14 \end{cases} \quad (10.11.3)$$

A procura residual dirigida à empresa dominante tem um ponto de quebra na quantidade (preço) a partir da qual as empresas da faixa concorrencial deixam de servir o mercado. Tendo em atenção esta particularidade, a receita marginal da empresa dominante é:

$$\begin{cases} P = 20 - 4q & \text{para } q \geq 4.5 \\ P = 14 - 4/3q & \text{para } q < 4.5 \end{cases} \quad (10.11.4)$$

Considerando que a empresa A tem um custo marginal constante de 9, é fácil verificar que o equilíbrio de mercado ocorre para:

$$q_A = 3.75; \quad q_B = q_C = 0.25; \quad P = 11.5 \quad (10.11.5)$$

Os lucros associados são $\pi_A = 9.375$ e $\pi_B = \pi_C = 0.0625$.

b) Se as empresas formarem um cartel equitativo, a quantidade total produzida é distribuída de igual pelas três empresas, mas cada uma tem os custos de produção ditados pela sua tecnologia. Impondo esta restrição no problema de maximização do lucro, obtém-se que a quantidade total a produzir é $q = 2.175$, sendo a produção de cada empresa um terço deste valor, $q_i = 0.725, i = A, B, C$. O preço de equilíbrio é $P = 15.65$. Os lucros de cada empresa associados a este equilíbrio são: $\pi_A = 4.821$ e $\pi_B = \pi_C = 2.846$. Como o lucro da empresa A é menor do que na situação anterior, esta empresa não aceitará assinar o acordo de cartel. A razão pela qual este acordo de cartel não é vantajoso para a empresa A é o seu menor custo marginal. O custo marginal das empresas concorrenciais inicia-se em 11 e aumenta com a quantidade produzida por estas empresas. Por seu lado, o custo marginal da empresa A é constante e igual a 9, inferior ao custo marginal de produção das outras duas empresas, qualquer que seja o nível de produção.

c) O montante mínimo que a empresa A aceitará para assinar este acordo é a diferença de lucros nas duas situações.

d) As empresas concorrenciais só estarão dispostas a pagar a compensação se o seu acréscimo de lucro de uma situação para a outra for superior à compensação exigida pela empresa dominante. As empresas B e C tiveram um aumento de lucro de 2.783 cada, o que lhes permite pagar a compensação exigida pela empresa A. O acréscimo de lucros resultante do exercício de poder de mercado mais do que compensa, em termos de lucro agregado das empresas do sector, o desvio de produção de uma unidade eficiente, a empresa dominante, para empresas menos eficientes.

■ **10.12** Considere o país F, membro de uma comunidade económica. Uma empresa que produz gravadores de vídeo está localizada neste país, onde opera com custo marginal (idêntico ao custo médio) igual a 10. O outro produtor de gravadores de vídeo encontra-se localizado no país I, também membro daquela comunidade, e dispõe da mesma tecnologia. Estas empresas competem entre si à la Cournot e a empresa localizada no país F só vende para o país F. Dada a proximidade destes países, os custos de transporte dos gravadores de vídeo são dispiciendos. A procura de gravadores de vídeo no país F é dada por $P = 100 - Q$.

a) Calcule o preço e a quantidade de equilíbrio neste mercado.

b) O país F assinou um acordo de protecção dos interesses sociais dos trabalhadores que fizeram aumentar o custo marginal de produção de gravadores de vídeo para 40, acordo esse que não foi assinado pelo país I. A empresa localizada no país F encara a possibilidade de transferir a sua fábrica para o país I, comportando tal um custo fixo de transferência de 500 (capitalizado numa base anual). Será que a empresa localizada em F deve transferir a sua fábrica? Justifique adequadamente.

c) Qual o subsídio mínimo que o Governo do país F tem de oferecer para reter a fábrica no país?

d) Suponha que aquele subsídio é de facto oferecido. Será que o produtor do país F o deseja? E os consumidores desse país? Será que o Governo do país F deve oferecer esse subsídio? Quantifique as suas respostas. (Nota: ignore os custos de eficiência associados à recolha de impostos e distribuição de subsídios.)

Resolução:

a) Seja f a empresa do país F e i a empresa do país i. O problema a resolver pela empresa f é

$$\max_{q_f} \Pi_f = (100 - q_i - q_f)q_f - 10q_f \qquad (10.12.1)$$

A condição de primeira ordem deste problema é:

$$\frac{\partial \Pi_f}{\partial q_f} = 100 - q_i - 2q_f - 10 = 0 \qquad (10.12.2)$$

Dada a simetria da solução, a condição de primeira ordem do problema de escolha de produção da empresa i é análoga. Usando então a propriedade de a solução ter $q_i = q_f$, resulta como solução $q_i = q_f = 30, Q = q_i + q_f = 60, P = 40$ e $\Pi_f = 900$.

b) O primeiro passo a dar na análise é o de calcular o equilíbrio depois do aumento de encargos no país F. Seguidamente, compara-se com a alternativa de relocalização para o país I.

No novo equilíbrio, em que a empresa f tem custos marginais constantes e iguais a 40, os valores de produção de cada uma das empresas em equilíbrio são $q_i = 40$, $q_f = 10, Q = 50, P = 50$ e $\Pi_f = 100$. O aumento do custo marginal da empresa f traduz-se numa diminuição da produção desta empresa, que não é totalmente compensada por uma expansão da empresa i. O preço de equilíbrio aumenta.

No caso de a empresa f mudar o local das suas actividades para o país I, terá como custo marginal 10, sendo as quantidades de equilíbrio idênticas às da alínea anterior. O lucro da empresa f em caso de relocalização para o país i é $\Pi_f = 900 - 500 = 400 > 100$. Significa isto que a empresa consegue ter um maior lucro ao mudar as suas actividades produtivas para o país I.

c) A compensação mínima a ser paga tem de ser superior à diferença de lucros nas duas alternativas de localização. Esta diferença é de 300, pelo que qualquer subsídio $z > 300$ é suficiente.

d) Por construção, a empresa f prefere o subsídio a qualquer das situações sem subsídio (com ou sem relocalização). Os consumidores, por seu lado, vêem o seu excedente diminuir, por duas vias:

por um lado, a quantidade produzida é menor; por outro lado, o subsídio a ser pago tem de ter alguma origem. Se, por exemplo, for através de contribuições dos consumidores deste mercado, tem-se um efeito negativo adicional para os consumidores. Ignorando este último efeito, a diminuição do excedente do consumidor decorrente do aumento do custo marginal da empresa f é de 550 (o excedente do consumidor é de 1800 antes da medida e de 1250 depois da medida).

Em termos de excedente total do país F, tem-se como subsídio:

$$100 + 1250 = 1350 \qquad (10.12.3)$$

enquanto que sem subsídio,

$$900 - 500 + 1800 = 2200 \qquad (10.12.4)$$

pelo que mesmo quando há relocalização da actividade produtiva, o país F tem um maior excedente total do que subsidiando por forma a garantir que a empresa não se muda para o país I.

■ **10.13** Duas empresas, 1 e 2, concorrem à Cournot no mercado de um bem cuja procura é $P = 100 - Q$. As empresas têm custos marginais de produção $c_1 = c_2 = 22$. A empresa 1 pode investir num projecto de investigação e desenvolvimento (I&D) que lhe custará 500. Como resultado, o seu custo marginal reduz-se para $c'_1 = 10$. No entanto, a empresa 2 beneficia de uma externalidade do projecto de I&D, tendo uma redução nos seus custos marginais para $c'_2 = 16$.

a) Será socialmente desejável que a empresa 1 realize o investimento?

b) Será que a empresa 1 tem incentivos privados suficientes para realizar o investimento?

c) Advogaria a intervenção do Estado? Justifique indicando, em caso afirmativo, de que forma deveria ser feita essa intervenção.

Resolução:

a) Parte-se de uma situação inicial caracterizada por uma posição monopolista da primeira empresa. Resolvendo o seu problema de maximização do lucro da forma habitual, os valores de equilíbrio são: $Q = 15, P = 25, \Pi_1 = 225$ e o excedente do consumidor é 112.5.

Com a entrada da segunda empresa, a estrutura de mercado passa a ser de duopólio. Admitindo que a concorrência se processa nas quantidades escolhidas e de acordo com a hipótese de comportamento de Cournot, o equilíbrio de mercado é descrito por $q_1 = q_2 = 10, Q = 20, P = 10$ e $\Pi_1 = \Pi_2 = 100$, sendo o excedente de consumidor 200. O excedente total é neste caso 400, superior ao valor do caso anterior, que era de apenas 337.5. Assim, para um custo de I&D inferior à diferença do excedente total nas duas situações, a afirmação é verdadeira.

b) A segunda empresa tem como incentivo privado à realização de I&D os lucros que auferirá. Dados os resultados anteriores, esta empresa estará disposta a investir até 100 para obter a inovação.

c) O incentivo privado da segunda empresa em realizar I&D é superior ao incentivo social de obter essa inovação. Em concreto, se o custo de obter a segunda inovação for superior a 62.5 mas inferior a 100, a empresa tem interesse em conseguir a inovação mas a sociedade, globalmente, fica pior. Esta divergência resulta do facto de parte dos lucros da segunda empresa resultarem de esta ir buscar quota de mercado à primeira empresa. Essa componente dos lucros é uma mera redistribuição em termos sociais, não correspondendo por isso a criação de valor para a sociedade.

■ **10.14** Considere a seguinte afirmação:

"A existência de externalidades positivas entre empresas nas actividades de investigação e desenvolvimento levam a que, em equilíbrio, a produção de uma empresa esteja positivamente relacionada com o montante de investigação e desenvolvimento realizado pela(s) outra(s) empresa(s) no mercado. Daqui se infere que políticas de subsídio às actividades de investigação e desenvolvimento sejam tão populares entre os decisores de política económica."

a) Comente a afirmação tendo em atenção o tipo de inovação e o grau de externalidade envolvida.

b) Que motivações adicionais poderá ter uma autoridade supranacional, como a Comissão Europeia, para promover actividades de investigação e desenvolvimento, para além das já existentes para uma autoridade nacional?

Resolução:

a) Na ausência de actividades de investigação e desenvolvimento e no contexto do modelo de Cournot, a produção de uma empresa está negativamente relacionada com a produção da(s) outra(s) empresa(s). Considere-se, para os efeitos do presente exercício, inovação de processo, em que o resultado das actividades de investigação e desenvolvimento é a redução do custo marginal de produção (que se admite constante no nível de produção).

Se existirem actividades de investigação e desenvolvimento (I&D), mas não externalidades entre empresas nessas despesas, um maior investimento em I&D resulta num menor custo marginal da empresa, levando, em equilíbrio, à expansão da sua produção e à contracção da produção das empresas concorrentes. Na ausência de externalidades tecnológicas, a produção de uma empresa está negativamente correlacionada com o montante de investigação e desenvolvimento realizado pelas restantes empresas[4].

Contudo, se existir uma externalidade positiva associada às despesas em I&D, isso significa que as actividades de investigação e desenvolvimento de uma empresa não só baixam o seu custo marginal como beneficiam as empresas rivais, diminuindo-lhes o respectivo custo marginal de produção. Este efeito é no sentido de aumento da quantidade produzida quando o nível de investigação e desenvolvimento realizado pelas empresas rivais aumenta. Juntando os dois efeitos, o efeito positivo pode dominar quando a externalidade positiva é suficientemente elevada.

A questão seguinte é a da necessidade, ou não, do subsídio público. Ora, este não decorre da relação, eventualmente positiva, entre investigação e desenvolvimento de uma empresa e a produção das empresas rivais. Resulta antes da existência de uma externalidade positiva, já que neste caso os benefícios privados de mais uma uni-

---

[4]Uma demonstração formal deste argumento encontra-se em Claude D'Aspremont e Alexis Jacquemin, "Cooperative and Non-Cooperative R&D in Duopoly with Spillovers", *American Economic Review*, **78**: 1133–1137.

dade de I&D de uma empresa são inferiores aos benefícios sociais (pois estes incluem os ganhos da externalidade positiva). O efeito é naturalmente maior para externalidades mais fortes.

b) Se o incentivo para a intervenção de uma autoridade económica é a divergência entre benefício privado e benefício social marginal das actividades de investigação e desenvolvimento, deve-se procurar, seguindo a mesma lógica, razões para a intervenção de uma entidade supranacional olhando para a divergência entre benefícios (e custos) avaliados pelas autoridades nacional e supranacional. Por exemplo, se existirem empresas de vários países, há externalidades positivas entre países que são ignoradas pela autoridade económica nacional, que tipicamente não inclui empresas estrangeiras na sua medida de bem-estar.

■ **10.15** Uma empresa farmacêutica é a única produtora de um medicamento cuja procura anual é dada por $p = 40 - q$. Esta empresa produz cada unidade do medicamento a custo marginal e médio, constante e igual a 10. Uma outra empresa farmacêutica descobriu recentemente um outro medicamento para a mesma doença mas baseado num princípio activo diferente, que assim pode comercializar sem infringir a patente da primeira empresa. Este segundo medicamento é produzido a custo marginal e médio constante e igual a 10. Suponha que estes medicamentos têm uma vida útil de mercado de 10 anos (após o que outro medicamento tornará nulas as vendas destes dois.)

A primeira empresa argumenta que os custos de investigação e desenvolvimento incorridos pela segunda empresa foram totalmente desperdiçados porque o novo medicamento reproduz o efeito curativo do primeiro, não havendo qualquer ganho para a sociedade da sua descoberta. A segunda empresa afirma que, embora o segundo medicamento replique o efeito curativo do primeiro, os ganhos de bem-estar resultantes da acrescida concorrência neste mercado são mais do que suficientes para compensar os custos de investigação e desenvolvimento do segundo medicamento. (Nota: não capitalize nem actualize os valores correspondentes a períodos diferentes).

a) Qual o custo máximo de investigação e desenvolvimento para o qual a afirmação da segunda empresa é ainda verdadeira?

b) Qual o custo máximo de investigação e desenvolvimento que a segunda empresa estará disposta a suportar de molde a investir na descoberta do segundo medicamento?

c) Que conclui da comparação das respostas dadas às alíneas anteriores?

(Exercício elaborado por Vasco Santos.)

Resolução:

a) Em situação de monopólio, obtém-se de forma rápida $q = 15$ e $P = 25$. Os lucros do monopolista são $\pi = 225$ e o excedente do consumidor é $EC = 112.5$. O excedente total é $W^M = 337.5$.

Com concorrência à Cournot, seguindo a metodologia habitual de cálculo do equilíbrio, resultam os seguintes valores:

$$q_1 = q_2 = 10; \qquad P = 20 \qquad (10.15.1)$$

em que q_1 representa a quantidade da empresa inicialmente monopolista e q_2 a quantidade da segunda empresa no mercado (que, tendo custo marginal inferior, produz naturalmente mais em equilíbrio). Os lucros e o excedente do consumidor associados a este equilíbrio são:

$$\pi_1 = \pi_2 = 100; \qquad EC = 200 \qquad (10.15.2)$$

pelo que o excedente total neste equilíbrio é $W^C = 400$.

Comparando as duas situações, a variação do excedente total é de

$$\Delta = W^C - W^M = 62.5$$

Se o custo da investigação da segunda empresa for inferior a este valor, o aumento de concorrência compensa a duplicação das despesas em investigação e desenvolvimento.

b) Na circunstância de a primeira empresa se manter como monopolista, a segunda empresa tem, por definição, lucro nulo. Entrando no mercado com igual custo marginal, obtém um lucro de 100. Logo, desde que a investigação a realizar tenha um custo inferior a 100, a empresa procurará entrar neste mercado.

c) Os incentivos sociais e privados à realização de investigação por parte de uma segunda empresa divergem, pois os lucros da segunda empresa (o benefício privado) são constituídos em parte por aumento da quantidade vendida (benefício social) e em parte por decréscimo do lucro da primeira empresa (efeito que é uma mera transferência, não tendo por isso valor social). Consequentemente, neste modelo, o benefício privado é superior ao benefício social, pelo que se pode verificar investigação e entrada da segunda empresa no mercado que é socialmente prejudicial. Em concreto, se o custo da investigação for superior a 62.5 mas inferior a 100, a segunda empresa procurará entrar no mercado e, se tal acontecer, o excedente total diminui.

www.ingramcontent.com/pod-product-compliance
Lightning Source LLC
Chambersburg PA
CBHW060844170526
45158CB00001B/231